郎の足跡

高知県立牧野植物園に建つ牧野富太郎の銅像（高知県高知市）

「牧野富太郎先生誕生之地」の碑（高知県佐川町）

牧野富太郎が育った佐川の街並み（高知県佐川町）

牧野富太郎も研究を行った小石川植物園（東京都文京区）

牧野富太郎の自宅跡につくられた牧野記念庭園（東京都練馬区）

牧野富太郎の業績を記念してつくられた高知県立牧野植物園(高知県高知市)

牧野富太郎が妻の名前をつけたスエコザサ

牧野富太郎

～雑草という草はない～日本植物学の父

青山 誠

角川文庫
23543

目次

第1章　いごっそうの恋

土佐訛りの若者

明治《めいじ》19年（1886）の東京。市ケ谷《いちがや》の高台から外濠川《そとぼり》が流れる低地へつづく坂道を、ひとりの若者が急ぎ足に下っている。

彼の名は牧野《まきの》富太郎《とみたろう》という。せっかちな性分で、ふだんからよくしゃべり、騒々しく動きまわっているのだが、今日はなにやら、いつも以上に気ぜわしい。この坂道は当時それなりに人通りの多い場所。すれ違う人々が時折ふり返って見るが、彼のことは誰も知らない。後に「日本植物分類学の父」と呼ばれる男も、この時はまだ無名の青年だった。

維新直後の東京は、一時衰退して人口減少が著しかった。しかし、明治5年以降は増加に転じる。西南《せいなん》戦争の前年の明治9年（1876）には再び100万人を超えて、かつての繁栄を取り戻していた。牧野のように地方から上京して来る者も増えていた。上京したばかりの者は、訛《なま》りや風体からすぐにそれと分かる。

牧野富太郎（国立国会図書館所蔵）

普通は田舎者とバカにされないように、言葉や服装に注意して東京に早く順応しようとするものだ。そこは現代人と同じだろう。順応力の高い若者なら、普通は1年もすればすっかり都会人に変身する。

しかし、牧野の場合は変わらない。土佐国佐川村《とさのくにさかわむら》からはじめて上京したのが5年前。その後は幾度か長期滞在を経験して、2年前からは本格的に東京で暮らすようになっている。もうなじんでもいい頃なのだが……ホリが深く濃い顔立ち、日焼けした浅黒い肌、毛量の多い頭髪を振り乱しながら闊歩《かっぽ》する。生粋の江戸《えど》っ子とはあきらかに違う異相だった。言葉のほうも、

「げに可愛い娘やったなぁ」

と、強い土佐訛りのひとり言をつぶやいている。自分の言葉が相手に伝わっていればそれでいい。周りにあわせようという気など微塵《みじん》もなく、訛りを隠そうとはしなかった。

少し猫背で痩《や》せぎすな体格だが、山野を歩き回って鍛えた脚力には自信がある。歩幅をさらに広げて速度を増し、前を歩く人々を次々に追い抜いてゆく。額にうっすらと汗がにじんで頬が上気していた。興奮しているようにも見える。じつは、いま彼は恋をしていた。そして、恋する娘がこの道の先にいる。早く会いたいと気が焦る。

この頃、牧野は麴町《こうじまち》三番町に住む若藤宗則宅の2階に下宿していた。大家の若藤は政府で働く官吏、牧野と同郷の土佐出身者。下宿先の麴町界隈《かいわい》は、かつての幕府の旗本や御家人の御用人たちの屋敷が軒をつらねる場所だった。

多くの旧幕臣が徳川《とくがわ》宗家とともに駿河《するが》へ移住して、維新直後はこのあたりも空き家だらけで荒廃していたという。その後、新政府に採用されて上京した官吏が、空き家の武家屋敷に住むようになる。広い屋敷は部屋数に余裕があり、同郷の若者たちを下宿させている家も多い。

麴町の台地は外濠に向かって傾斜している。徳川家康《いえやす》が江戸城に入ってから九層の石段を築いて住宅地を造成し、家臣団の居住区をつくった。そのため「九段《くだん》」の通称で呼ばれるようになる。維新後、この台地から物資の集積地である外濠に通じる道が拡張整備され、未舗装ながら幅員三～四間（5～7メートル程度）の真っ直ぐな道路が造られた。いま牧野が急いで下っている坂道がそれだ。この道は明治時代後期になると道幅が3倍に広がる（現在の「靖国《やすくに》通り」）。

坂の上からは素晴らしい眺望が広がっていた。視界を遮る高層の建物はない。家々が軒をつらねる低地が一望に見渡せる。外濠の内側にある駿河台《するがだい》には建設中のニコライ堂があった。牧野はそんな景色には目もくれず、足を止めることなく坂道を下る。

靖国神社を通り過ぎたあたりから、坂道の傾斜が強くなって歩みはさらに速くなる。鳥居の前には一周900メートルの馬場があり、簡素な木造の観客席も設置されていた。明治3年（1870）には靖国神社の前身の招魂社《しょうこんしゃ》で競馬が初開催された。神社の参道がコースを貫くようにして通されている。レースの開催がない時は、庶民も自由に出入りできるようになっていた。


馬場の芝生には、様々な植物が入り混じって生息している。また、道の反対側には旧江戸城の田安門《たやすもん》があり、それを囲む内濠の土手にも四季の草花が生い茂る。自らを「植物の精」「植物の愛人」と自称する牧野だけに、素通りすることはできない場所だ。いつもなら、競馬場や土手に入って珍しい植物を探しながら道草するだろう。植物観察につい熱が入り過ぎて約束の時間を忘れることもしばしば。

この地に下宿したのは、植物との出会いが多い場所ということも理由のひとつだろうか。「宮城《きゅうじょう》」という名称がまだなじまないこの頃、江戸城を十重《とえ》二十重《はたえ》に囲む濠の土手には四季の草花が咲き誇っている。下宿先の家はその濠に囲まれてあった。

植物の姿は季節や天候、周辺の様々な状況によって日々変化している。その瞬間を見逃さないこと。一期一会の思いを込めて、沿道や土手に生い茂る草木を毎日注意深く眺める。それが彼のルーティンなのだが、この時は違った。

足元に生い茂る草花に関心を示すことなく、真っ直ぐ前だけを見て歩いている。ここから少し行った場所には、最も美しい花が咲いているのだから……。他の草花のことを気にしている場合ではない。

菓子屋の店先で始まった〝甘い恋〟

靖国神社前の競馬場を過ぎたあたり、坂道の終点にある低地の一帯は飯田町《いいだまち》と呼ばれていた。

徳川家康が関東移封されて間もなく江戸城近辺を視察した。その時に道案内をした飯田喜兵衛《きへえ》のことを気に入り、この地の名主《なぬし》に任命したという。以来、彼の名が町名として通称されて、それが定着したものだ。維新後には正式な町名になっている。

飯田町の九段坂下周辺は、小さな家々が軒をつらねる町人の居住区だった。靖国神社の参拝客を目当てにした茶屋や商店も多くある。東京大学理学部植物学教室に出入りするようになってから、牧野はこの道を使って大学へ通うようになっていた。道すから見つけたこの界隈《かいわい》にある菓子屋がすっかりお気に入りになっている。

土佐は大酒飲みが多い土地柄、牧野の実家は造り酒屋を営んでいた。しかし、彼自身は酒を好まずほとんど下戸に近い。下戸には甘党が多いもの。牧野もその例に漏れず、甘い菓子は好物だった。酒は飲めなくても、茶と菓子だけで酒飲みの相手はできる。菓子を頬張りながら、しゃべりのほうも止まらず、相手が理解しているかどうかなど、お構いなしに早口の土佐弁でまくしたてる。誰も口を挟めない。しらふでも酔っぱらい以上に空気が読めない。だから、

「牧野は酒を飲まないほうがいいよ」

仲間内ではそう言われる。この男を酔っぱらわせたりすると、もっと面倒臭いことになりそうだ、と。

菓子が大好きな牧野ではあるが、この菓子店の菓子が特別に好みというわけではなかった。店先にはごく普通の饅頭やキンツバが並んでいるだけ、そんなものはどこでも食える。この店に通い詰める目的は、店番の娘に会うためだ。

彼女を前にした時は、いつもの牧野とは様子が違う。日頃の饒舌《じょうぜつ》はどこへやら。黙って店先の椅子に腰掛けて、饅頭をもそもそと食べる。眉間《みけん》に深い皺《しわ》を寄せて、他の

九段坂上の眺望（明治後期／国立国会図書館所蔵）

客の応対をする娘を凝視している。南国の土佐ではまず見かけることがない色白の肌と、庶民の娘にはない上品な所作が魅力的だった。働き者できびきびとした動きも、せっかちな彼とは波長があいそうだ。

普通の人々の目には同じ草花に見えても、よくよく眺めると形状が微妙に違っていたり、花びらの数が多かったり少なかったりすることがある。それが新種や亜種といった大発見につながるだけに、植物学者は凄《すさ》まじい集中力を発揮して植物を観察する。この可憐《かれん》な花にはつい、いつも以上に見入ってしまう。そうすると、彼女の魅力的なところがさらに色々と見えて、

「その娘を、もう、もらいたくて、もらいたくて」

彼女と初めて出会った時の思いを、牧野はこのように語っている。どれだけ熱い視線を向けていたのか、この言葉からも察することができる。

さて、娘のほうはどうか。牧野の視線をどう感じていたのだろうか？　東京ではあまり見かけない濃い顔立ちは嫌でも目立つ。不可思議なアクセントの方言も、強く印象に残っていたはずだ。その男が毎日のようにやって来ては、ちらちらと自分を盗み見してくるのだ。はたして、それに運命を感じて好意をもつようになったか？　それ

とも、気持ちが悪いと思ったりしなかっただろうか。

残念ながら、彼女自身が牧野の第一印象について語った史料は見つからない。ここは想像するしかない。この騒々しく常識はずれの男と添い遂げたのだから、彼女もかなりの変わり者？　類は友を呼ぶ。波長が合いそうだ。第一印象から、お互いどこか惹《ひ》かれるところはあったのだろう。

明治30年代になると、学生街には後に喫茶店へと進化するミルクホールが登場し、学生たちからアイドルのようにもてはやされる従業員の娘もいた。また、遊び慣れた学生ならカフェーやダンスホールの女給を口説いたりしただろう。

それには少し時代が早い。この頃はまだ江戸時代の気風が色濃く残っている。まして牧野が生まれ育ったのは土佐の田舎、年頃の男女が人前で会話するのも難しい土地柄だ。惚《ほ》れた娘がいる店に通い詰めるというのは、当時の若者とすればかなりの勇気が必要な行動だったろう。

だが、彼はこの後さらに大胆な行動に打って出る。頑固で思い込んだら一直線、そんな気骨あふれる男のことを土佐弁で「いごっそう」という。それは典型的な土佐人気質といわれるが、牧野もまたそうだった。生涯の目標とする植物研究も、そして恋にも。思いを遂げるまで、脇目もふらずに突き進む。躊躇《ちゅうちょ》とか妥協は一切ない。

しかし、ここで気になることがひとつ。牧野には10代の頃から「猶」という名の親《しん》戚《せき》筋の娘が許嫁《いいなずけ》に選ばれていた。上京する直前には結婚して夫婦になっていたともいわれる。資産家の一人息子だけに、周囲の者たちは早く結婚して跡取りの子をつくることを望むものだ。婚約や結婚をすませておくことが、上京を許す条件だったのかもしれない。

民法が公布されていない頃には、役所に届けを出さず一緒に暮らす〝事実婚〟の夫婦も多くいたようだ。牧野もそれだろうか。いまは学問をするために東京に出て別居しているが、いずれ妻のもとに帰ってくるだろう。と、親類縁者や郷里の友人・知人たちはそんなふうに思って、猶を牧野の妻として認識していたのではないだろうか。

それについて牧野本人は何も語らず、確かなことは分からない。最晩年に出版された『牧野富太郎自叙伝』を読むかぎりは、この菓子屋の娘が初恋の相手。生涯唯一愛した女性である。猶という女性についてそこには何も書かれていない。裏切りの後ろ暗さから許嫁の存在を隠そうとしたのか。あるいは、娘に恋をしてしまった時点で、許嫁に関する記憶は完全に消去されたのかもしれない。

恋する娘との幸せな結末を迎えること。それ以外のものは何も見えなくなってしまう。恋愛にかぎらず、牧野にはそういったところがある。

菓子屋の娘の名は、「寿衛子《すえこ》」という。生年は明治6年（1873）頃だったというから、当時はまだ満13歳。年齢差は10歳以上にもなる。いまの時代ならば「ロリコン」と言われそうだが、15〜16歳が女性の結婚適齢期だった時代。年齢的には問題なさそうだ。

牧野が見惚《みほ》れた上品な所作からも察せられるように彼女は士族の娘だった。父はすでに亡くなっているが、小沢一政という旧彦根《ひこね》藩士で維新後は陸軍省に勤めた高級官吏。父の存命中は裕福で彼女の習い事にも金を惜しまなかったという。

また、寿衛子の母は京都の出身で芸者をしていたといわれる。当時は政府高官の妻が元・芸者というのもさほど珍しくない。伊藤博文《いとうひろぶみ》や陸奥宗光《むつむねみつ》などの重鎮にも芸者を妻に娶《めと》った者は多かった。

寿衛子の言葉にも母親譲りの京都弁の雰囲気がかすかに感じられる。よそ者にはぶっきらぼうで乱暴に思える江戸弁とは違って、柔らかく雅《みやび》やかな口調。それもまた牧野のツボだったのかもしれない。

父の死後、母が屋敷を売り払って資金を捻出《ねんしゅつ》し、近隣で菓子屋を営みながら暮らすようになる。彼女も母を手伝って店番に立った。父親が健在だったなら、今頃は袴《はかま》とブーツの女学生スタイルで通りを歩いていただろう。それが、薄利の菓子を売って暮らす日々。そんな生活は数年前まで想像もしていなかったはず。それでも彼女の表情に暗さはない。明るく働き者の看板娘と映る。恋する男には、その健気《けなげ》さがなおのこと愛おしく思えてくる。

難所に咲く花に魅せられて

甘党の牧野でも、そう何個も菓子を食いつづけられるものではない。食えなくなってしまうと、やることがなく手持《ても》ち無沙汰《ぶさた》に。昼間から、いい歳の男がいつまでも長居していると不審者に思われそうだ。そろそろ潮時。

「ごちそうさま。勘定をしとーせ」

そう言って立ち上がる。

「ありがとうございました」

飯田橋付近の神田川（東京都千代田区）

寿衛子が小走りに駆け寄ってくる。息遣いが聞こえるほどの近距離に迫られて胸が高鳴る。小銭を渡すと、彼女の手の温もりが伝わってくる。

「あんたのことが好きやき！」心の中でそう叫びながら店を出る。はたして、その思いは彼女に伝わったのだろうか。

九段下から左に折れて北上する。靖国神社付近の町人居住区を過ぎると、道沿いは武家屋敷の黒板塀が連なる眺めに変わる。

道が平坦《へいたん》なせいか、それとも、今日も寿衛子と出会えた安心感からだろうか。菓子屋に入る前に比べると足取りは遅い。この道は戦後に明治《めいじ》通りと呼ばれる幹線道路になるのだが、この頃の道幅はまだ狭い。頻繁にすれ違う大八車を避《よ》けながら歩きつづける。道の先には外濠と神田《かんだ》川が合流する水上交通の要衝があり、付近の河岸は物資の集積地としてにぎわっていた。明治14年（１８８１）にはそこに飯田橋《いいだばし》が架けられ、後に地名も飯田町から飯田橋に変わる。

飯田橋から小石川橋《こいしかわばし》にかけては、濠《ほり》と市街地を分けるようにして高い土塁が延々とつづく。

現在の飯田橋付近（東京都千代田区）

橋を渡る前に、ちょっと寄り道して土手の上に登ってみた。ここも植物採集にはもってこいの場所だ。

土手の上から振り返ると、歩いて来た街並みが見渡せる。江戸時代後期にはこの界《かい》隈《わい》に3000~5000石クラスの大身《たいしん》旗本の屋敷が集まっていた。麹町と同様、維新後は多くの屋敷が空き家となり、ここにも新政府の官吏が住むようになっている。また、一部の屋敷は桑畑や乳牛を飼う牧場などに転用された。土手の上からは、桑畑の濃い緑やのんびり草を食《は》む牛など牧歌的な風景が眺められる。

寿衛子が父の存命中に住んでいた屋敷も、この風景のなかにあった。それは飯田橋のすぐ手前、現在は東京区政会館が建っているあたり。表通りから外濠《そとぼり》の土手まで屋敷の敷地がつづき、いかにも高級官僚が住むにふさわしい規模だったという。立派な長屋門や延々とつづく土塀に囲まれた屋敷を目にして、

「まっこと、難しい女に惚《ほ》れたかもしれん」

そう思ったのかもしれない。もしも彼女の父がまだ健在だったら、この屋敷の奥で大切に育てられていたはず。箱入り娘が庶民の目に触れる機会は少ない。牧野が彼女を見初めることもなかっただろう。

維新以前は身分違いの結婚は認められないのが建前。下士や足軽ならば黙認されることもある。しかし、このような大きな屋敷に住む上級武士が、娘を庶民に嫁がせることは普通ない。明治期もまだ、そういった感覚が強く残っていた。しかし、牧野はためらわない。高嶺《たかね》の花を摘むために、登山家でも腰が引けるような険しい崖《がけ》を平然と登ってゆく。それが彼の常なのだから。

高嶺の花を摘むにはどうすればいいのか。当時の結婚は本人同士の意思よりも親の承諾が重視される。まずは寿衛子の母親を説き伏せるために、牧野は神田で石版印刷屋を営む太田義一に協力してもらうことにした。素性の知れぬ田舎者がいきなり「娘を嫁にくれ」と言っても相手にされない。ハードルを越えるには恋の仲介人が必要だった。

牧野にとって、太田は師匠ともいえる人物。この頃、牧野は植物図鑑の出版をめざしていた。当時の日本には自国の草花を紹介する本格的な植物図鑑がまだなく、それを自分の手で出版しようと考えていた。そのため印刷についても色々と調べ、大学の帰り道で見つけた太田が営む印刷店に飛び込んで弟子入りを志願したのである。

石版印刷は現代のオフセット印刷の元となった印刷方法、当時は欧米から移入されたばかりの最新技術である。昔ながらの木版印刷とは違って、原図の細かい曲線なども忠実に再現することができる。図鑑の印刷にはこれが最適と目をつけていた。

太田も最初は「物好きな若者がいるものだなぁ」と半ば呆《あき》れていたようだが、すぐに牧野の本気を知ることになる。研究の合間に時間をみつけて頻繁に太田のもとを訪れては作業を熱心に見学し、分からないことがあれば納得するまで執拗《しつよう》に質問攻めしてくる。辟易《へきえき》させられもしたが、やがてその熱情に惹《ひ》き込まれてしまう。

自分の知っていることはすべて教えた。1年余りでひと通りの技術を伝授した頃には、裏表のない真っ直ぐな性格を愛するようになっていた。目的のために発揮する凄《すさ》まじい集中力には尊敬の念さえ抱くようになる。

そんな牧野が自分を頼ってきたことを嬉《うれ》しく思う。ひと肌脱いでやろうと意気にも感じる。太田はさっそく寿衛子の家を訪ね母親の説得にかかった。

「牧野さんは、植物のことを研究する学者さんですけどね。日本中の草や木や花をすべて調べあげて、ご自分で絵に写して説明をくわえた本を出版しようとなさっている。これは途方もない仕事ですよ。それにご実家は四国の高知で造り酒屋をやっている資産家で、名字帯刀を許された家柄です。いいご縁だと思うのですがねぇ」

と、褒めちぎって縁談をまとめようとする。母親は最初これを断った。急な話に面食らった感もあるだろう。しかし、太田は諦《あきら》めない。幾度もやって来ては説得をつづける。縁もゆかりもない若者のために、普通はここまで骨折りしない。牧野の人物に惚れ込んでいるだけに、なんとかしてやりたいという思いが強かった。

「人柄は良いし、家柄も良い。そのうえ将来有望。こんな良縁はめったにありません。なにとぞ、牧野さんの気持ちを叶《かな》えてやってください」

口調はしだいに熱を帯びたものになってくる。その間にも、牧野は菓子屋に足繁く通いつづけた。彼が自分を嫁に欲していることは、すでに寿衛子の耳にも入っているはず。自分に会うために通ってきてくれる。そう思うと悪い気はしない。目があうと思わず顔を赤らめる。特別な感情が芽生えてきた。それも狙いか？　彼女が牧野を強く意識するようになった頃には、母親も太田の執念に負けて結婚を承諾する。

ふたりが結婚したのは明治23年（1890）のこと。牧野が28歳、寿衛子は17歳の時だった。そして結婚生活が始まるのだが、普通ではない夫に当初は驚いたことだろう。牧野は家庭を顧みることなく、自分の研究に没頭した。金を稼ごうという気がなく、経済観念もない。「研究のため」を口実に金を使いまくって、家計はいつも火の車。おまけに13人の子沢山、この数は当時でもかなり多い。

妻の苦労は絶えない。普通の女性の感覚なら、どこかで我慢の限界がきて夫婦関係は破綻《はたん》する。愛想を尽かして当然。だが、彼女はそんなダメ亭主を見限ることなく生涯尽くした。夫への恨み言や悪口は聞いたことがない。彼がやらかした数々の無茶や非常識さえも、愛して面白がっていたようなところがある。

寿衛子もまた「普通」ではなさそうだ。彼女と出会うことがなければ、牧野は幾度も離婚を経験することになっていたのかもしれない。最良の伴侶《はんりょ》を見つけたのは幸運。いや、これも無数の草木が繁る森林で希少種を探しあてる植物学者の鋭い観察眼の賜《たま》物《もの》か。

「わしらの出会いはロマンスじゃったねぇ」

老境に入ってからもよくこう言ってのろけた。床に臥《ふ》すようになった最晩年には、寝室の壁に寿衛子の写真を貼ってよく眺めていたという。自叙伝や随筆のなかには、彼女についてふれた記述が多く見つかる。

生涯に40万点近い植物標本を採集し、約１５００種の新種を発見した牧野だが、そのなかでも最も価値ある一輪の花。それは彼女だったのかもしれない。

第2章　小学校中退、草花と戯れる日々

「見附の岸屋」

高知城下から西へ30キロメートルほど行ったところ、四国山地の支脈に囲まれた小盆地がある。盆地の中を通る春日川《かすが》は、普通の川とは違って海と逆の方向に流れる〝逆川《さかがわ》〟だった。そこから「佐川」の地名がつけられたという説がある。

牧野富太郎は文久《ぶんきゅう》2年（1862）4月24日（現在の太陽暦では5月22日）に、この地で生まれている。佐川は江戸時代に土佐藩筆頭家老深尾《ふかお》家の「城下町」として栄えた町だった。山内一豊《やまうちかずとよ》が土佐に入封した時、深尾重良《しげよし》に佐川を含む18ヶ村1万石の領地が与えられる。以来、維新までの約270年間、深尾家がこの地を支配した。土佐藩では藩士に高知城下への居住を義務づけていたが、深尾家だけは特別待遇。領地に住むことが許されて自治権を与えられていた。独立した小藩のような存在で、他の土佐藩領とは一線を画した独自の文化や風俗が育《はぐく》まれる。明治期に高知県高岡《たかおか》郡佐川村（現在の佐川町）となったが、その伝統は明治になっても色濃く残っていた。

「牧野富太郎先生誕生之地」の碑（高知県佐川町）

春日川の南方にある山の谷筋に沿って家臣団が住む武家屋敷が建ちならび、その奥には「土居《どい》屋敷」と呼ばれる領主の居館と政庁があった。谷間の地形に堅牢《けんろう》な土塁が築かれた屋敷は城塞《じょうさい》のようでもある。

土居屋敷のある谷筋を下り、春日川河畔の平地が広がるあたり一帯は庶民の居住エリア。川と並行してつづく松山《まつやま》街道は、土佐国と伊予国《いよのくに》を結ぶ主要幹線だった。鉄道開通以前の佐川は宿場町でもあり、人馬が往来する物流拠点として栄えたという。

牧野の実家はこの街並みの西端近く、松山方面からは宿場の入口にあたる場所にあった。造り酒屋や雑貨店などを営む富裕な商家で「岸屋」の屋号で知られている。江戸時代、街道の入口など交通の要所には見附《みつけ》と呼ばれる監視所が設置され、牧野の実家も地元の人々から「見附の岸屋」と呼ばれていた。

町外れに位置する家の敷地の表側には「岸屋」の看板を掲げた店舗。裏側にまわると、店舗と隣り合うようにして母家《おもや》があった。どちらも2階建ての大きな建物で、羽振りの良さがうかがえる。

母家の縁側からは街並みを囲む山が間近に迫って見え、山麓《さんろく》に自生する草木が庭先まで侵食している。

佐川の街並み（高知県佐川町）

表側の店舗にまわると、その眺めは一変。店先の路地には瓦屋根《かわら》の家々や白壁の土蔵が密集して建ちならび、多くの人通りでにぎわっていた。

雑貨店には昼間はひっきりなしに客が来る。また、路地を挟んで岸屋が経営する酒蔵があり、酒づくりを行う半裸の酒男《さかおとこ》たちが野太い声を響かせながら店にも出入りしていた。その喧騒《けんそう》は隣接する母家にも伝わってくる。

牧野はそんな環境のなかで育った。

路地には他にも数軒の酒蔵が軒をつらねている。路地を出るとすぐに松山街道がある。太平洋と瀬戸内《せとうち》を結ぶ街道を使って、ここで造られた酒が四国の各地に運ばれる。岸屋の酒をはじめ、佐川の銘酒は各地に流通していた。酒造業は領主の深尾家が主導して発展させたもの。土佐藩が成立した直後に、酒造職人を移住させて領内の基幹産業に育てあげた。牧野の先祖もこの時に紀州《きしゅう》から移住してきたという。領主の御用達《ごようたし》を賜る「御酒屋」として優遇され、領主との謁見や名字帯刀など武士と同じ待遇が与えられていた。

松山街道を通るのは物資だけではない。大勢の旅人も行き来する。牧野が生まれる直前には土佐藩参政・吉田東洋《よしだとうよう》が暗殺される事件が起き、実行犯の那須信吾《なすしんご》たち土佐勤王党《きんのうとう》の面々は佐川を通って土佐藩を脱藩している。また、同年の旧暦3月には坂本《さかもと》龍馬《りょうま》も脱藩したが、この時も付近を通過して伊予国へ逃れた。

赤子の牧野が知る由もないのだが、維新政府の重鎮として活躍した田中光顕《たなかみつあき》は佐川の出身者で、那須信吾が彼の叔父《おじ》だった関係で土佐勤王党に参画している。那須や龍馬の逃亡にも色々と関わっていたというから、その経緯については詳しい。この同郷の出世頭と牧野は親交があり、後に金策で色々と世話にもなっている。当時の話を聞かされたこともあっただろう。

四方を山々に囲まれたのどかな風景からは想像もできないが、佐川は騒乱の幕末史の舞台でもある。流通の拠点には様々な人物や情報が流れ込む。この地で暮らす人々は世の動きに注目しながら、それを機敏に察して商売に役立ててきた。

牧野の旺盛《おうせい》な好奇心、執拗《しつよう》な探究心、豊かで柔軟な発想は、生まれた土地柄も大きく影響していそうだ。

子どもの頃から英語を学べる恵まれた教育環境

牧野には父母と過ごした記憶がほとんどない。岸屋の娘だった母が遠縁にあたる佐平を婿に迎えて一人息子の彼が生まれたのだが、満3歳の時に父が病死。その後を追うように2年後には母も病に倒れて亡くなった。

亡き母の名は久寿。後に妻となる寿衛子と〝寿〟の字がかぶる。甘えたい盛りの5歳で死別した母への思いは強かっただろう。ひと目惚《めぼ》れした娘の名を知った時、そこに母の幻影を垣間見《かいまみ》て、恋する思いを加速させていたのかもしれない

母が亡くなった翌年には、一家の長である祖父・小左衛門も亡くなった。牧野は生まれた時に「成太郎」と名付けられたが、この頃「富太郎」に改名している。不幸つづきに不気味さを感じ、跡取り息子の行く末を案じて験を担いだようである。

牧野が物心ついた頃、家族は祖母・浪子《なみこ》だけだった。彼女は牧野を育て、岸屋の商売を差配して、老齢になってからも忙しく働いた。

幼少の頃の牧野は虚弱体質で病気がちだったという。祖母はそれをかなり気にしていた。孫を立派に成人させて、家を継ぐ男子をもうけさせる。それが彼女の生き甲斐《がい》。残された人生で為すべき使命だとも思っている。

そのために、やれることは何でもやった。

高台から佐川の街並みを望む（高知県佐川町）

体質改善のために幼児期にはよく灸《きゅう》を据えられた。当時の灸は熱く、大人でも辛《つら》い。悪いことをすれば罰に「お灸を据える」という言葉もあった。子どもたちにとっては拷問のような苦行。当然、灸を据えられそうになると必死に抵抗する。が、酒造業を営む岸屋には、剛力の雇い人が大勢いた。彼らが暴れる牧野を捕まえ押さえつける。こうなると身動きが取れず、背中を焼かれる痛みに耐えつづけるしかない。

「私はよく酒男に押えつけられて灸をすえられたことである。それが病身の私を強くしたとも思う」

自叙伝にもこのように書かれている。幼児期の記憶の多くをそれが占めているようだから、よほど耐え難い苦痛だったのだろう。

牧野が成し遂げた偉業は、常人離れした体力によるところが大きい。これも灸の効果だろうか。また、酒男たちの力に必死に抗いつづけ、激痛に耐えてきた。その鮮明な記憶が屈しない男を育《はぐく》んだ。権威や常識をすべて無視して、やりたいことをやりつづける。反骨精神の源だったのかもしれない。

10歳になった頃には、近所の寺子屋に通うようになる。そこで読み書きをひと通り習った後、伊藤蘭林《いとうらんりん》の私塾に移って勉強をつづけることにした。伊藤は佐川で最も高名な儒学者として知られる。天文学や文学にも精通する博学の人だった。佐川郵便局前に「伊藤蘭林の寺子屋」が復元されているが、もともとの伊藤塾は土居屋敷に近い目細谷《めぼそだに》と呼ばれる場所にあったという。

佐川の領主である深尾家は文教政策に熱心だった。安永《あんえい》元年（1772）には家塾の名教館《めいこうかん》を設立し、ここに儒学や算術、兵学、文学などの一流講師を招いて家臣の師弟を教育するようになる。そのレベルは土佐藩校の教授館《こうじゅかん》に匹敵した。そんな土地柄だけに町には多くの学者や知識人が住み、彼らが主催する寺子屋や私塾が領内のあちこちにある。優れた師匠を選び、質の高い教育を受ける機会に恵まれた環境だった。

牧野の師である伊藤は名教館でも教鞭《きょうべん》を執り、最も優れた教授として評価されていた。幕末期に活躍した志士のなかにも伊藤の教えを受けた者は多い。伊藤塾での講義内容はかなり高度だったという。普通の寺子屋の域を超えていた。庶民の場合は読み書きまでは習っても、本格的に学問をやる者は稀《まれ》。そのため塾生は士族の師弟でほぼ占められ、庶民階層は牧野を含めて2人だけだった。師の伊藤は郷士や上士といった身分で分け隔てすることなく、門戸を開いていたのだが。

新政府が「四民《しみん》平等」のスローガンを掲げて身分制度を撤廃してから、まだ2〜3年しか経っていない。人々には旧時代の身分感覚がまだ染みついている。塾では士族の子弟が上座で庶民は下座と、座る場所も決められていた。身分の違いを感じさせられる約束事は他にも多くある。

さすがの牧野も、ここでは居心地悪そうに大人しくしていたようだ。しかし伊藤塾の講義には、それに耐えるだけの価値があった。伊藤は塾生たちに読書の大切さを説き、若者たちの興味をそそる様々な本を読み解き聞かせた。

「私などが最初に読書を習った人は伊藤蘭林大先生である」

牧野は晩年になってからもよくこう言って、昔のことを懐かしそうに話していたという。彼は生涯で約4万5000冊の蔵書を集めた読書家だったが、これも師の教えを守りつづけた結果だろうか。


維新によって深尾家の佐川領は消滅するが、名教館は土佐藩の藩校・致道館《ちどうかん》の分校として残った。明治4年（1871）の廃藩置県後は、地元の有志たちが資金を出して「名教義塾」として運営されるようになり、庶民の子どもたちにも門戸を開放している。

その翌年には学制が発布された。しかし、義務教育制度はまだ整っておらず、学校のない地域は多い。佐川にも小学校はなく、向学心の高い庶民の子弟は名教義塾で学

復元された伊藤蘭林の寺子屋（高知県佐川町）

んだ。牧野は明治6年（1873）頃から名教義塾にも通うようになった。それからまもなく伊藤塾は閉鎖されて、名教義塾での授業に専念するようになる。現在は佐川町の中心街に名教館の建物が復元されているが、当時は伊藤塾のある目細谷から谷筋を下ってすぐの松山街道付近にあった。

牧野が入学した頃は77名の生徒が学んでいたという。式台を踏んで館内に入ると、まず生徒たちが待機する40畳の「溜の間」があり、その奥には同じ40畳の「講義の間」がつづいてあった。講義の間には教授の机が分散して配置され、生徒たちは自分が学びたい師の机に行って講義を受ける。一回の講義で教える生徒は5人程度、他の生徒は溜の場で講義の順番を待つことになっていた。

名教義塾には貴重な書籍が多く収蔵されている。牧野は溜の場で講義を待つ間に、これらの書籍をよく読んだ。なかでも『輿地誌略《よちしりやく》』には強い感銘をうけている。世界各地の地誌を記したオランダ語訳の書籍が長崎から伝えられ、それを幕末期に日本語訳したものだ。そこに書かれていた南米のサボテンやコーヒーなど、日本では見ることのない不可思議な植物に強い関心を抱くようになる。

維新後の名教義塾では、国学や漢学の他に西洋算術、万国地理、天文、物理などの洋学も教えられていた。また、他地域に先駆けて英語の授業も開始される。高知県庁

復元された名教館（名教義塾）（高知県佐川町）

から英語の文献や辞書を借り、新たに2名の英語教師を雇っていたという。戦後の小学校で英語教育が始められたのは平成23年（2011）のこと。5、6年生の正式な教科となったのは令和《れいわ》の時代になってからだ。この時代、子どもに英語を教える塾や学校はかなり珍しい。これも代々の領主が学問を奨励した土地柄だろうか。

語学を習得するには、できるだけ幼い年齢から学習を始めるほうが有利に働く。佐川史談会が刊行した『霧生関』に載った牧野の伝記にも、

「その時分に余程詳しい英語の書物などを平気で読んで授けられた」

と、当時の英語授業について語った一説がある。高等教育を受けていない牧野が、英語の書を読み英語で論文を書くことができたのは、少年期に受けた教育が大きかった。

日本の近代教育では、好奇心を満足させられず

しかし、名教義塾が存在した時代は短い。明治政府は義務教育の実施をめざして小学校尋常科設置を急ぎ、明治7年（1874）には2万を超える小学校ができた。多くは昔からある寺子屋や私塾の施設を流用したものだった。名教義塾も同年に佐川小

学校となり、文部省主導のもとにカリキュラムが組まれることになる。

当時の小学校尋常科は「下等」と「上等」の2つに分けられ、通常の修業年限を4年間ずつとしていた。また、それぞれの児童の学力にあわせて、上等と下等ともに1〜8級のレベルに振り分けられる。小学校入学の適齢は下等が6歳から上等は10歳とされていた。

牧野も塾生から小学生になって学問をつづけることになる。この時すでに12歳だったが、下等8級からのスタートだった。小学校の設置が遅れた地域では、彼のような年齢の新入生は珍しくない。しかし、すでに読み書きは完全に習得している。それをまた最初から習うというのは苦痛だ。退屈で仕方がない。

当時は優秀な生徒に臨時試験をおこなって進級を早める制度があった。牧野もそれによって2年後の明治9年（1876）には下等1級に進級しているが、これでも彼にはレベルが低すぎたようである。

また、小学校の教育は牧野が思う「学問」とはまったく別物だった。明治政府は学制の目的を「学問は国民各自が身をたて、智をひらき、産をつくるためのもの」としている。つまり政府にとって教育とは、世間で金を稼ぎ生きてゆくために必要な知識を授けること。その目的はやがて、近代国家が求める優秀な労働者や勇猛な兵士の基となる忠君愛国思想を植えつけることに変貌《へんぼう》してゆく。

教師たちは国の求めるものを子どもたちに覚え込ませようとする。自ら考えさせることなく、最初から用意された「正解」だけをひたすら暗記させる。それが牧野には気に入らない。他人が用意した解答を鵜呑《うの》みにして納得することはない。

「なぜそうなるのか、本当にそうなのか？」

と、自分なりの正解をみつけようとする。

興味をそそられると、徹底的に調べてみたくなる。そのために金や時間を費やすことは厭《いと》わない。どんな僻地《へきち》であろうが訪問して現地を調査した。自分の目で見て確めて、納得できる答えが見つかるまでとことん調べて考える。生涯貫き通した研究姿勢、少年期の彼にもその片鱗《へんりん》は見られたようである。

戦後の学校教育も暗記重視の「詰め込み教育」が批判されたが、明治期はその傾向がさらに顕著だった。欧米諸国よりも遥《はる》かに遅くなって誕生した近代国家は、１日でも早くそのレベルに追いつこうと焦っていた。欧米のやり方をそのまま模倣することが、近代化への近道。と、子どもたちには模範解答をひたすら暗記させ、近代国家の国民としての素養を手早く教え込む。興味のあるなしに関係なく、無数の課目を記憶せねばならない。考えているような余裕もなかっただろう。

教師の言うことに疑問を持たず、それを素直に聞いて記憶する物覚えの良い子どもが「優秀」だと判定される。牧野のような異端者がこのまま小学校に残り、中学校に進学しても、はたして優秀な生徒になれただろうか。意にそぐわぬ異端者に「問題児」のレッテルを貼って排除しようとする教師は少なくない。

高等教育機関である大学もその傾向は強かった。この10年ほど後に、牧野は上京して大学に出入りするようになる。そこでも他者の研究姿勢に疑問を抱くようになった。教授や学生たちは研究室の机にかじりついて、欧米文献や研究報告を読み漁《あさ》ることに熱中していた。欧米が長年かけて積みあげてきた成果を、その研究発表や著書を読むことで安易に得ようとする。模倣することで短期間のうちに文明開化を達成しようとするやり方、それが学術の世界にも蔓延《まんえん》していた。

近代の植物学者が大抵東京帝国大学育ちであり、上野《うえの》公園のヒガンザクラしか知らない。彼らはそれを見てヒガンザクラはこの一種のみだと信じ切っている、といった記述が牧野の著書『植物記』のなかにある。

上野公園にあるものは正式にはウバヒガンと呼ばれる品種。ヒガンザクラは他にも多くの種類が日本各地に存在する。彼の故郷である四国などの西日本でよく見かけるものが真正のヒガンザクラであり、それは上野公園のウバヒガンとはまったくの別物なのだという。現地に行ってみればすぐに分かることなのだが、植物学者を名乗っている者たちがそれをやらない。教えられた解答を記憶すれば、目標は達成できた。と、暗記中心に勉強させられた癖が抜けていないのだ。

そんな真似《まね》は牧野には絶対できない、やりたくない。意固地で負けん気の強い「いごっそう」である。他人が解き明かした答え以上のものを、自分が見つけてやろうと対抗心を燃やす。自分の目でその正体を見極めるまでは、沸き起こった好奇心を満足させることはできない。学校という場所には不向きな男だった。

無為な日々のなか植物への興味が沸き起こる

この時代、学校に行っていない子どもは大勢いた。小学校は生徒の親から徴収する月額50銭程度の授業料で運営されている。平均年収20円程度といわれる当時の庶民には負担が大きい。貧乏な家の子どもは授業料を免除されたりしていたが、それでも小学校就学率は40%に満たなかったという。

学校に行かないとなれば、年端のいかない子どもであっても働くのが普通だった。年少者の労働を禁じる法律はまだなく、商家や富裕な家では、他家から来て働く子どもをよく見かける。農家では子どもたちを貴重な労働力として頼りにしていた。また、商売をやっている家の子どもは親を手伝って働く。大きな商家の跡取り息子でも、番頭や先輩店員に鍛えられながら商売の修業をしたものだ。商人に学問は必要ない。店で客の相手をさせたほうが、将来のためにはよっぽど役に立つ。と、そんな考えをもつ親は多い。

岸屋の跡取りである牧野も、そうなるのが普通だろう。しかし、彼の場合は小学校を自主退学してしまう。そして、家の仕事を手伝わずに遊んで過ごしている。他人から見れば怠け者の「ニート」にしか見えない。実際、その通りなのだが。

小学校に行かない子どもは多くとも、遊んでいるだけの放蕩《ほうとう》息子はかなり珍しい。それが許されたのは、家長である祖母が彼に大甘だったから。幼くして両親を亡くしたことを不憫《ふびん》に思っているのか？　説教など一切せずにやりたいことをやらせ、求めればいくらでも金を出してくれた。

そんな生活で有り余る時間の大半は、家の裏手にある神社の境内で植物を観察して過ごした。自叙伝のなかで「産土神社《うぶすな》」と記されていた神社だが、現代は金峰《きんぷ》神社と呼ばれている。家の裏手には神社境内に通じる長い石段の参道がある。伊藤蘭林の塾がある目細谷に行くのも、この神社からつづく裏山を越えるのが近道。幼い頃からよく知っている場所だ。境内は木々が鬱蒼《うっそう》と繁り、社殿は草花に埋もれている。2月末頃になれば、牧野が好んだというバイカオウレンの白く可憐《かれん》な花も咲き誇る

植物に関心をもつようになったのはいつの頃か、それは本人も憶《おぼ》えていない。だが少なくともこの頃には、すでにその虜《とりこ》となっていたことは間違いない。境内の森に咲く草や花に顔を近づけ、長い時間をかけて凝視しつづけたという。

「私は植物の愛人として生まれた。あるいは草木の精かも知れん」

牧野が残した名言のひとつだ。草花と無言の会話をする日々、生涯を通じてそれはつづくことになる。

昼間は神社の境内で植物を観察し、夜は好きな書物を読み耽《ふけ》る。そんな生活に何の不満もなかった。祖母は放蕩三昧を放置したままで、あいかわらず何も言わない。しかし、世間が彼を放ってはおかなかった。

金峰神社（高知県佐川町）

小学校を退学して1年が過ぎた明治10年（1877）になると、かつて通っていた佐川小学校から講師になってほしいと要請される。小学校を中退して卒業できなかった男を講師に雇う？　普通はちょっと考えられないのだが。

学校教育の普及を急ぐ明治政府は各地で小学校の建設を急いでいた。しかし、急ぎ過ぎてしまったようだ。ハードは確保できても、ソフトが追いつかない。教員の数が揃わず、どこの小学校も教員不足に苦しんでいる。

当時、教員の採用は町村に任されていた。寺子屋や私塾の師匠を教員として雇用することも多かったという。牧野は幼い頃から高名な伊藤蘭林に学び、博識の読書家でもあることは知られている。小学校を退学したのは授業のレベルが彼には低過ぎたからだと、その能力を高く評価する人は多かった。また、実家は地元有数の資産家だけに信用力は絶大。ただのニートではないと、白羽の矢が立てられる。

牧野はこの要請を受諾した。自由気ままな生活に終止符を打ち、小学校で教鞭《きょうべん》を執るようになる。臨時教員の月給は3円。低賃金の労働者が1ヶ月働いて得る収入と同程度だ。

師範学校を卒業した正規の教員ならば初任給5円だから、それと比べれば安い。し

ＪＲ佐川駅（高知県佐川町）

かし、金で苦労することのない彼には、報酬なんかどうでもいい。講師の給料など最初から当てにはしていない。薄給の臨時教員とはいえ「先生」と呼ばれる身分。人にものを教えるというのは名誉なことだ。ひと昔前なら15歳の年齢は元服して成人扱いされる。他人の評判や評価などはあまり気にしない牧野だったが、さすがに「ニート」なままではマズいと思いはじめたのだろうか。小学校の先生なら世間体はいい。祖母や親戚《しんせき》にも肩身の狭い思いをさせずにすむ。

この頃の牧野は、やがて家業を継ぐつもりだった。商家の旦那《だんな》には絵画や骨董《こっとう》などに精通する趣味人、学問に熱心な学者肌の人物が多い。植物には強い興味を抱いているが、それも商家の若旦那《わかだんな》の趣味の範疇《はんちゅう》。植物学者になる未来など想像していない。好きな植物を眺めながら、楽しく生きてゆけばいい、と。

しかし、学校で教鞭を執るうちに、その考えが少し変化してくる。子どもたちを教えるうち、学ぶことの楽しさを再認識するようになった。知的好奇心はさらに高まり、以前にもまして書物を読むようになる。だが、この土地で得られる知識には限界があった。もっと知りたいという欲求が高まり、我慢ができなくなってくる。

「このままでは、いかん」

はじめて、焦りの感覚が芽生える。佐川は学問のさかんな町ではあるが、しょせんは日本の辺境だ。世界の英知はまず東京へ届けられ、つづいて高知などの地方都市に伝わる。佐川に入ってくるまでにはかなりの時差がある。入ってくる情報量も限られていた。

自宅から小学校へ、毎朝歩く道。メインストリートには多くの人通りがある。すれ違う人々は、若輩の牧野に畏《かしこ》まってお辞儀する。町では知られた岸屋の跡取り息子であり、小学校の「先生」だ。誰もがそれなりの礼を尽くす。しかし、それでいいのだろうか。このまま田舎町の名士として安穏と暮らしてゆくのか？　道の先には家々を囲むようにして山並みがつづいている。あの山々を越えた場所には、知りたいと思うものがあふれているはずだ。それを手にしたい。その欲求がもはや抑え切れなくなっていた。

牧野には収集癖がある。東京暮らしをするようになってからは、大量に集めた書物や植物標本に埋もれて暮らしていた。研究のためというのもあるのだが、何でも溜《た》め込み所有したがるのは生まれ持っての癖。オタク気質なのだろう。

頭のなかに詰まった知識についても同様。興味のあるものに関しては、誰よりも深く多くを知ってすべてを自分のものにしたい。そのためには、あの山を越えて行かねばならない。小学校講師になって2年、17歳の時に職を辞して佐川を出ることを決意する。

人生の転機、自分がなるべきものを知る

明治12年（1879）、牧野は高知に出て住むようになった。現代と比べれば、佐川から約30キロメートルの距離はかなり遠くに感じる。四国に鉄道が敷設されるのはこれより10年ほど後、高知と佐川を結ぶ高知線が開通するのは大正《たいしょう》時代になってからだ。一間幅（約2メートル）の街道は急坂の山道も多く、徒歩だと健脚な者でも丸一日はかかる。金を払えば駕籠《かご》や馬を仕立てることはできたが、どちらにしても日帰りは難しい距離だった。

高知では五松学舎という塾で学び、塾の敷地内にある宿舎に下宿した。この塾は城下町の東西を流れる大川筋にあり、主に漢文を教えていたという。漢文は江戸時代から武士に好まれ、この頃もまだインテリの素養として人気がある。塾を主宰する弘田正郎は、幕末期の藩政改革にも携わった陽明《ようめい》学者・奥宮慥斎に学んだ人物だった。陽明学は儒学の一派だが、幕府が奨励する朱子《しゅし》学とはまったく異質の学問だった。

朱子学ではすべてのものや事柄が「理」で成り立っているとして、ひたすら書を読んで「理」のなんたるかを理解しようとする。「理」を極めようというのは陽明学も同じだが、朱子学とはその方法が違う。「理」は日々の仕事や生活などの実践を通じて求めるものだと説いている。幕末期の志士の間では、この陽明学が大流行した。

実物の植物を観察することを重視する牧野の考え方と通じるものがある。五松学舎に入ったのは陽明学が自分の肌にあうと思ってのことだろうか？　とはいえ、自ら望んで入ったこの塾でも、小学校の時と同じで講義をサボりつづける。昼間の塾では、めったにその顔を見ることがなかったという。

「牧野という生徒が入塾したはずだが、ぜんぜん講義には出てこないな？」

師の弘田もそう言って首を傾げる。自叙伝のなかでも五松学舎の講義については、何も書かれていない。また、宿舎には同門の塾生も多く住んでいたが、彼らのことも「塾生の間で詩吟が流行《はや》っていた」といった程度の記憶しかない。牧野の印象に残る人物はいなかったようだ。

やはり、興味のないものには冷淡で無関心。覚えておくだけ無駄だと、ここでも記憶を消去したのだろう。この時代の若者たちには、学問を立身出世の道具と考える者が多い。私塾で学ぶのは、大学など高等教育機関に入学する学力をつけるため。予備校のようなものか。維新に遅れて生まれた若者たちが出世するには学歴が必要だった。学歴に関心がなく、知的好奇心を満足させるために学ぶ牧野とは相容《あいい》れない。

塾の講義をサボって書店に入り浸り、佐川では入手できない本を買い漁《あさ》った。もともとそれが、高知に出てきた一番の目的でもある。また、自分と同じ知の探究者を探して交流するようにもなった。県庁所在地であるこの町には、日本各地から様々な人々が流入してくる。牧野と同類の異端者もそれなりの数がいたようで、塾に仲間がいなくても話し相手には困らない。類は友を呼ぶのだろう。見知らぬ遠い地からやってきた者たちの話は、何を聞いても新鮮で興味深い。

「ほりゃあ知らんかったなぁ、おおごと勉強になっちゅう」

そう言って感心することしきり。ここではしっかりと学んでいる。世のなかには面白い人物、尊敬できる人物が多くいるものだ。それを知っただけでも、高知に来てよかったと思う。なかでも、高知師範学校で教師をしていた永沼小一郎《ながぬまこいちろう》との出会いは、人生の大きな転機となった。

永沼は博学の人で、科学や物理、宗教・哲学などあらゆる学問に精通している。植物にも詳しく、欧米の植物学をよく知っていた。英国エディンバラ王立植物園創設にも貢献した世界的な植物学者であるジョン・ハットン・バルフォア著の『クラス・ブック・オブ・ボタニイ』は彼の翻訳で日本語版が出版されている。

牧野と永沼は意気投合し、早朝から真夜中までよく2人で語り明かしたという。人の話はあまり聞かない牧野だが、それは、自分の知っていることを下手な説明で長々と聞かされることに耐えられないからだ。知らないことや興味深い話ならば、その態度は違ってくる。食い入るように相手を凝視し、ウンウンと首を縦に振る大きなリアクションで相手を調子に乗せたりもする。牧野が上手な聞き手になることは少ないのだが、永沼の話には彼を黙らせ聞かせつづけるだけの面白さがあった。

また、永沼との親交を通じて、欧米には植物学という学問があることを知った。これまでは、ただの興味から気になる植物を観察するだけだった。それをさらに突き詰めて調べることで、ひとつの学問として成り立つ。植物学のなかにはそれぞれの植物の素性を調べ、その特徴によって分類したものを体系的にまとめてゆく植物分類学という分野があるという。それに強く惹《ひ》かれた。

日本のすべての植物の素性を明らかにして、国際ルールに則《のっと》り分類して名をつける。

生涯の目的がこの時に示された。岸屋の跡取りとして、適当に家業をやりながら好きな植物を眺めて暮らす。若いうちはそれでもいいのだが、何も事をなさずに、このまま生涯を終えるのか？　年齢を重ねるにしたがって苦しくはならないか？　牧野にも世間に認められたいという欲はある。何か大業を成して、自分が世に生きた証《あかし》を立てたい。その思いがしだいに強くなってゆく。

牧野の高知での暮らしは数ヶ月の短期間で終わった。もう少し長居して永沼をはじめとする知識人たちとの親交を深めたかったのだが、コレラの流行がそれを断念させる。明治10年（1877）に、長崎へ入港した外国軍艦の乗組員からコレラ患者が発生した。同年に勃発《ぼっぱつ》した西南戦争で九州に派遣された兵士の多くがこれに感染する。戦争が終わって兵士が故郷に帰還すると、コレラ菌が日本中に拡散された。

この年は全国で1万人以上の感染者が発生している。各地から人が流入する県庁所在地の高知では、毎日のように患者が出ていた。抗生物質のないこの頃は致死率約60%にもなる死の病。父母が早死している牧野は、病魔への恐怖感が人一倍強い。

「こりゃぁ、大事じゃ！」

慌てた。佐川ではまだコレラ患者は発生していないという。逃げるようにして高知を離れ、故郷に避難することにした。短い滞在期間ではあったが、しかし、永沼と出会い植物学という道があることを知った。生涯の宝となる大収穫だったといえる。

佐川に帰ってからの牧野は、裏山の金峰神社境内で日々を過ごすようになる。またニート生活になってしまったが、自分が進むべき道がそこにあると確信していた。植物観察にいっそう熱が入る。

小野《おの》蘭山《らんざん》が著した『本草綱目啓蒙《ほんぞうこうもくけいもう》』を四方に手を尽くして入手した。48巻20冊にもなる書籍で、何千種もの植物の名前や産地などが詳しく紹介されている。本のなかで見た草花を探して裏山を歩きまわった。気になった植物を見つけると、それを採取して持ち帰り、本と照らしあわせる。照合できた時には得も言われぬ快感が沸き起こる。

道端に生えている名も無きただの雑草……と、見過ごしてしまう植物にも、じつは名前がある。それを調べ尽くした先人たちの努力を思い知った。

「世の中に雑草という草はない」

これも牧野が残した名言。人に知られず名前もない草があるとするならば、自分が見つけてやらねば、その正体をつきとめて名前をつけてやらねば、と。それは自分が天から与えられた使命のようにも思うようになる。

東京大学が明治10年（1877）に創立され、日本でも欧米流の植物学研究が始まっていた。外国の書籍や研究発表を集め、それをもとに日本各地の植物を分類しようという研究が進められている。しかし、四国の片田舎では外国の植物学に関する情報や書籍を入手することは難しい。

牧野が植物のことを知るには、昔からある本草学に頼るしかない。本草学は中国で生まれた学問。植物や動物、鉱物などの自然物から薬効や人の暮らしに役立つものを分類しようというものだ。17世紀に明《みん》から輸入された本草学の基本書『本草綱目』を林羅山《はやしらざん》が長崎で入手し、ここから日本の本草学研究は始まった。

著者の李時珍《りじちん》はこれを編纂《へんさん》するために、30年近い年月をかけて各地を現地調査して標本を採集したという。『本草綱目』にはあらゆる動植物がほぼ網羅してあるはずだった。しかし、日本と中国とでは自然環境が違う。生息する動植物も同じではない。『本草綱目』を翻訳して読むだけでは、日本の動植物について知ることはできなかった。

日本のことを知るには、やはり、日本中の動植物を調査せねばならない。そう考えた日本の本草学者たちは文献を読むことにくわえて、実証研究をより重視するようになる。牧野が夢中になっていた『重訂本草綱目啓蒙』もまた、著者の小野蘭山が長い年月をかけて野山を歩きまわり調べたことの集大成。机にかじりついて他人の研究に解答を求める学者連中とは違う。自らの足で歩いて答えを探そうとする姿勢に共感を覚える。

牧野は植物学者を志すようになってから「赭鞭一撻《しゃべんいったつ》」と題する15ヵ条の心得を作っている。そのなかに「跋渉《ばっしょう》の労を厭《いと》う勿《なか》れ」という一文がある。山野を越えて川を渡り各地を歩きまわることを厭うな。と、いうことだ。

第3章　文明開化に魅せられて

憧れの東京へ

明治14年（1881）4月、牧野は顕微鏡を購入するため東京へと旅立つ。それまで土佐の国を出たことはなく、本州へ渡るのもこれが初めてのことだった。

日本ではすでに江戸時代から顕微鏡が使われていた。たとえば蘭《らん》学者の宇田川榕菴《うだがわようあん》は、シーボルトから贈られた顕微鏡で植物の細部を調べて『植学啓原』を著している。維新後は植物の実証的観察には必需品となりつつあり、明治10年頃には大学で顕微鏡を使った教育が始められた。牧野もそれを知って顕微鏡が欲しくなる。東京の医療機器会社が輸入販売を始めたと聞いているが、四国ではなかなか目にすることもできなかった。

「まっこと便利そうなものじゃな。ワシも欲しいがやき」

そう思うと、居ても立っても居られない。それで東京まで出向いて買いに行くことにした。わざわざ行かなくても、業者に注文して送ってもらえばすむ話。だが、この頃はちょうど東京で第二回内国勧業博覧会が開催されていた。これも見てみたい。土佐では手に入らない珍しい書籍もあるだろうから、書店めぐりもしてみたい。と、興味はあちこちに広がってゆく。東京に一度行ってみないことには、あふれる好奇心が収まらなくなっていた。

しかし、東京は遠い。この頃の日本人にはまだ幕藩体制の感覚が染みついている。他藩の領地は外国も同じだった。お金もかかる。物見遊山で気軽に行くような場所ではないのだが、

「東京に行ってみたい」

と言えば、祖母は反対することなく多額の旅費を用意してくれた。頑固な孫を説得するのは難しい。また、家でゴロゴロしているよりは、1~2ヶ月ほど旅をして見聞を広めたほうがいいかもしれない。熱が冷めれば、心機一転して家業に精を出すようになる……という淡い期待もあっただろうか？

番頭の息子である熊吉と、さらに、もう1人雑用係として若く実直な奉公人が同行することになった。牧野と供の2人が佐川を出発する日には、多くの縁者や知人・友人が集まり、まるで外国旅行に行くような盛大な見送りをうけている。この時代、東京どころか本州に渡ったこともない者がほとんど。遠い外国に行くようなものだ。今

生の別れといった感もある。

佐川から高知まで歩き、高知郊外の浦戸《うらど》港（現・高知港）から蒸気船に乗って神戸《こうべ》に渡る。この航路には三菱商会の『浦門丸』が就航していた。イギリスで建造され、幕末期には日本〜上海の定期便に使われていた船だ。客室があるのは主甲板の一層のみで船首側が上等船室、船尾側は下等船室という配置になっていた。

船賃はそれぞれ5円と3円、牧野たちは下等の切符を購入している。船室は上等も下等も相部屋の桟敷《さじき》席なのだが、下等は上下二段の桟敷を組んで客を詰め込む狭苦しい構造だ。客の数は下等が圧倒的に多く、船室内に客があふれてなおさら窮屈な感じになる。

牧野の懐具合なら上等の船賃を払うこともできた。しかし、金だけではすまされない問題というものがある。上等には高級官吏や将校の軍人が多く、民間人の若者には居心地が悪い。金を払えばいいというものではない。階層社会では出自や立場によって、自分の居場所が決まってくる。

それに不満は感じていなかった。これまで櫓漕《ろこ》ぎの小舟にしか乗った経験がなく、蒸気船の船内は見るものすべてが新鮮。下等船室の窮屈な雰囲気や機械油の臭気さえも、これまでの日常では体験できなかった旅の醍醐味《だいごみ》のように思えてくる。小さな蒸気船が、牧野の目には外国航路の巨大客船のように映る。持ち前の好奇心を発揮して船内を幾度も歩きまわった。機関室の蒸気で動く巨大なピストンを見て、

「これが文明開化ちゅうものか！」

と、すべてが珍しくて面白い。夜になっても寝付けなかった。明朝には目にするであろう、本州の山並みや街の眺めに思いを馳《は》せる。あれこれ想像しているうち、興奮してますます目が冴《さ》えてしまう。

翌日になると、船は波穏やかな内海を航行していた。本州が間近に見える。そこに繁る木々の色は、郷里の土佐の山々よりも淡く感じられた。土地が違えば、そこに生きる草木も違ったものになる。それをこの目で確認できただけでも、旅に出て良かったと思う。神戸はもう近い。やがて、船の前方には六甲山《ろっこうさん》の山並みが見えてきた。

「雪が積もっているのか？」

最初はそう思ったが、いまはもう4月。そんなわけがない。目を凝らしてさらに眺める。驚いた。雪だと思っていたのは山肌の岩の色だ。この頃の六甲山は荒廃して禿山《はげやま》になっていた。原生林が広がる山々に囲まれた地で育った牧野には、想像できなかった眺めである。上陸前から日本の風景が多彩なことに驚かされてしまう。

神戸の波止場で下船して、しばらく歩けば神戸停車場がある。モダンな雰囲気を醸すレンガ造りの駅舎に入り、ホームに出ると蒸気機関車が入線していた。

火夫がスコップをふるいながらボイラーに石炭を放り込み、煙突から排出される煙が勢いを増す。運転手は弁を動かし出力を調整する。それにも興味津々で見入ってしまう。発車の時刻となり濛々《もうもう》と煙を吐きながら汽車は加速する。風景が残像を残しながら流れてゆく。これまで体験したことのないスピードだった。京都まで所要2時間30分、現代なら新幹線の東京・大阪間に相当する時間なのだが。それでも徒歩や馬で旅していた頃とは比べものにならない進歩だ。

船上からは見た時には雪と見間違えた六甲山が、いまは車窓から間近に見える。牧野は地層や地質にも関心が高かったというから、大部分を占める花崗岩《かこうがん》の地質にも興味を抱いただろう。また、大阪が近づいてくると、

「たまげた。こがぁ大勢の人が住んどるのか」

密集する家並みが延々とつづく風景に圧倒される。

大阪の街を離れて内陸を進むうち、沿線には再び田圃《たんぼ》や木々の緑が増えてきた。京都との県境に差し掛かったあたりでは、線路の近くにまで山が迫ってくる。間近に眺める草木は、やはり郷里の山々とは違うようだ。しかし、それを確認する

明治後期の神戸港（国立国会図書館所蔵）

間がない。列車のスピードが速すぎて、じっくり観察できない。こうなると、文明開化が恨めしい。

京都駅からは徒歩の旅行になる。1年前に琵琶湖《びわこ》岸の大津《おおつ》まで鉄路が延長されていたが、列車にこだわるような距離ではない。徒歩なら道中でじっくりと植物を観察することができるし、手に触れることもできる。

琵琶湖岸に出てからは、さらに、四日市《よっかいち》をめざして街道を歩く旅がつづく。東海道《とうかいどう》線が全通しておらず、江戸時代と同じように徒歩や馬で旅する者がまだ多かった。道中の宿場町もその機能を保っている。大津から水口《みなくち》、土山《つちやま》を経て鈴鹿《すずか》峠を越えるルートは距離にして約100キロメートル。昔の旅人はこれを2泊3日で歩いたという。夜明け前の4時頃から宿を出発して日が暮れるまで14~15時間は歩き通し。道中には箱根《はこね》峠とならんで東海道最大の難所といわれた鈴鹿峠がある。かなりハードな行程だが、牧野はそれを今回の旅で一番の楽しみにしていた。

鈴鹿峠越えは「八町二十七曲《まがり》」と呼ばれた曲がりくねった急坂の難路。沿道には原生林がうっそうと繁る。

かつて天皇家の秘宝に「鈴鹿」と名付けられた和琴《わごん》があったという。それもこの峠

鈴鹿峠

付近の木材で作られたもので、昔から銘木の産地としても知られていた。木々の下にはスズカアザミなどの固有種がそこかしこに見つかる。

「あれは、なんじゃろうか？」

少し歩いては立ち止まり、草花を眺める。

「急がんと日が暮れますよ」

同行の者たちは気を揉んで急かすのだが、聞く耳をもたない。道中で採集した植物は、ひとつずつ茶筒に入れて大切に保存した。

四日市からはまた船に乗って横浜《よこはま》へと向かった。浦戸で乗った汽船よりもかなり大きい。この航路で運航される『和歌浦丸《わかのうらまる》』は当時の国内航路では最大級の客船だった。巨大な船には、牧野の物好きな血が騒ぐ。また、この船旅では楽しみにしていたことがもうひとつ。洋上から富士山《ふじさん》の遠望を楽しむことができた。

「旅ちゅうのは、しょうえい（面白い）もんだなぁ」

佐川を出発してから、すでに1週間になろうとしていたが、好奇心が摩耗することはない。じつは、東京へ行くには、もう少し早くて楽なルートもある。

明治5年（1872）には大阪から東京へ直行する船が運航されるようになり、下

明治後期の四日市（国立国会図書館所蔵）

等の船賃は6円だった。四日市・横浜間は下等4円だから、船賃の差額は2円。京都までの汽車運賃や四日市までの道中の宿泊費などを合計すると、大阪から直行便の船にしたほうが安くついたのではないか？　また、日数は短縮できるし、峠越えの苦労もない。大阪からの船便があることは、牧野も知っていたとは思うのだが……。

維新後の日本は鉄道網の整備に躍起になっていた。船会社も顧客を獲得するため目的地までの時間を争うスピード競争に明け暮れている。早く便利に移動できる交通網の発達は文明国の証《あかし》。遅れて誕生した近代国家は〝欧米なみ〟をめざしてスピードを追求する。

そんな風潮の世で、のんびり旅の道中を楽しもうという牧野のような者は稀《まれ》だろう。時間を無駄遣いしているように見える。が、彼にとってはこれも遊びではない。船や汽車に乗らず自分の足で歩くことで、そこに生きる植物をじっくりと観察することができる。植物だけではない。急ぎ足の旅では見ることも触れることもできないものを多く知った。

「それが何の役に立つのか？」そう問われると、当時の牧野は答えに窮したのかもしれないが……知らないことをひとつでも多く知りたい。この目で確かめておきたい。

それが自分の生きる意味のように思っている。

学問の世界も成果至上主義。予算がつけば、金額に見合う結果が早急に求められる。無駄になるかもしれないことにかかわっていられない。好奇心だけで動きまわり、無駄かもしれないことに時間と労力を費やす牧野は、学界でも変人扱いされた。しかし、それによって他の学者たちが知らないことを多く知ることができる。

「自分以上に植物のことを知っている人間はいない」

晩年になるとよくこう言っていた。無駄になることを厭《いと》わず好奇心を追求しつづけ、その結果、築きあげた遺産である。成果だけを求める者には、手にすることのできないものだ。

文明開化を目にして「たまるか！」を連発

横浜港からは汽車に乗って東京へ。新橋《しんばし》まで約1時間、蒸気機関車が運行している。この頃はまだ東京駅はなく、首都の表玄関は新橋駅だった。

翌年開業が予定される鉄道馬車工事で、新橋駅前の広場には土煙が漂っている。そこを故郷の住人を集めても足りないくらいの人々が気ぜわしく歩きまわっていた。人数の多さに驚かされ、服装の違いにもまた驚かされる。官庁街から近い新橋駅付近では、洋服姿の男性をよく見かけた。高知で洋服を着ているのは、たまに見かける外国人くらいだが、文明開化の地域格差は大きい。

この時の牧野たちは、股引《ももひき》に脚絆《きゃはん》を巻きつけた昔ながらの旅装束。着物は汗や泥に汚れ、顔は汽車の煤煙《ばいえん》で煤《すす》けている。それが口をあんぐりと開けて呆然《ぼうぜん》と風景を眺めているのだから、すぐに上京したばかりの田舎者だと分かる。たちまち客引きする車夫たちが寄ってきた。

人力車の発祥については諸説あるのだが、これを交通機関として普及させた世界初の国は日本だった。元黒田《くろだ》藩士の和泉要助《いずみようすけ》たちが明治3年（1870）に試作車を完成させ、すぐに東京府から許可を取り営業を開始した。たちまち話題になって、翌明治4年の新聞記事には「東京府下人力車の惣数《そうすう》四万余」と記されるほどの急増ぶり。牧野が上京したこの頃になると、江戸時代からの駕籠《かご》はすっかり淘汰《とうた》されて駅前や繁華街で見かけるのは人力車や乗合馬車になっていた。

人力車に乗って同郷者が住む神田猿楽町《かんださるがくちょう》へと向かうことにした。東京府は明治5年（1872）に人力車運賃を1里（約4キロメートル）につき6銭2厘と定めている。

明治後期の新橋停車場（国立国会図書館所蔵）

新橋から神田まではちょうどそれくらいの距離、ざるそば一枚の値段とほぼ同じだ。

駅前広場の石畳の上、車輪をなめらかに滑らせて加速してゆく。広場を出るとすぐに汐留《しおどめ》川に架かる新橋、それを渡ると漆喰《しっくい》で固められたレンガ造りの建物が並ぶ銀座《ぎんざ》の街並みが現れる。

維新直後の大火で焦土となった銀座は、東京府の主導による大規模な復興工事がおこなわれた。表通りはロンドンの街並みをモデルに、火災に強い西欧風のレンガ造りの建物で統一されている。「銀座煉瓦街」と呼ばれるこの街並みは東京で暮らす人々にも珍しい異空間だった。ましてや、上京してきたばかりの牧野には想像もできなかった眺め。一直線に延びる十五間幅（約27メートル）の道路、それに沿ってある歩道や街路樹、店先に張り出したアーケード、ガス灯、等々。はじめて目にするものばかりだった。

はじめて見るものは、その正体を知りたくなる。自分で試して使ってみたくもなる。牧野を知る人は誰もが彼のことを〝新しいもの好き〟だと言う。本人もそれは否定しない。名教義塾で学んでいた頃、外国から輸入された鉛筆を誰よりも先に使った。また、ザンギリ頭になったのも早かった。

明治6～7年頃、当時は名教義塾の塾生たちの間でもザンギリ頭が話題になっていた。都会で流行《はや》っている最新ファッションにみんな興味はある。しかし、佐川ではまだ誰もが髷《まげ》を結っており、見慣れない髪型はかなり奇妙なものに映る。興味はあるのだが、自分が最初にそれをやるのは二の足を踏む。しかし、牧野だけは躊躇《ちゅうちょ》することなく、

「じゃあ、試しにちくっとやってみるか」

と、髷を落としてザンギリ頭になってしまったという。新しいモノが好きというだけではない。昔の習慣や前例にこだわることなく、先入観を持たず、まずは自分で試してその善し悪しを判断する。少年の頃からその姿勢が徹底していた。

同郷者の家で旅装を解き、ここに滞在して東京の各所を見てまわる。翌日にはさっそく内国勧業博覧会の会場に足を運んだ。

博覧会という言葉は、福沢諭吉《ふくざわゆきち》が『西洋事情』で使ったのが最初だったという。各種の産業や最先端の科学技術、芸術文化などを一堂に集めて紹介する催しは、パリ万国博覧会の成功によって19世紀の欧米で大ブームに。各国で様々な博覧会が催されていた。

それまでの日本人がまったく考えつかなかった発想、文明開化の熱に浮かれた人々

はこれに大きな刺激をうける。明治4年（1871）には、東京遷都で沈滞した京都の復興を目的に日本初の博覧会が催された。政府もこれに目をつける。人々に殖産興業を奨励し、外国人に日本の発展ぶりを見てもらうのに博覧会を催すのが最適の手段だと考えた。

そして、明治10年（1877）には東京・上野公園で内国勧業博覧会が開かれる。近代日本最大の内戦である西南戦争が勃発《ぼっぱつ》した年にもかかわらず、約3ヶ月の開催期間中に約45万人の来場者が押し寄せる大盛況だった。この成功に気を良くした政府は、第二回内国勧業博覧会を明治14年（1881）に開催する。会場は第一回と同じ上野公園だが、第一回よりも規模を拡大して会場は広くなっている。また、開催期間は4ヶ月間に延長されることになった。

大時計が設置されている楼門の下を通り会場に入る。そこから広い通りを進んで中門を抜けると、空高く水を噴きあげる巨大噴水がある。牧野が噴水を見たのはこれが初めて。いったいどんな仕掛けで水を出しているのか？　その仕組みが気になった。噴水を囲むようにして農業や機械、園芸などテーマ別に分かれたパビリオンが並んでいる。また、恒久施設としてレンガ造りの美術館なども完成していた。

各館の内部は回廊になっており、来場者は順路に沿って館内に並ぶ展示物を見てまわる。現代ではありふれた展示方式だが、当時の日本人が「鑑賞する」といえば、座敷に座って掛け軸などを眺めることしか思い浮かばない。それは想像を絶する光景だった。

「たまるか！」

びっくりした時にでてくる土佐弁の感嘆詞。会場に入った牧野はこの言葉を何度も発した。パビリオンのなかには、不可思議な文明の利器が多数展示されている。そのひとつひとつに胸躍らせ、隅々まで凝視してしまう。旺盛《おうせい》な好奇心と探究心は、あらゆるものに発揮される。激変する時代を象徴する数々の展示物に興味津々だった。

会場内にはウォーターシュートやアメリカ人女優によるショーなど、娯楽イベントも数々催されていた。多くの人々にとって博覧会は見世物小屋と同じ感覚の娯楽。楽しみながら文明開化を肌で感じてもらえばいいと政府は考えていたのだろう。会場の外もまたお祭り騒ぎ。上野公園周辺には露店がならび、まるで縁日のようでもある。夜になれば数千個の提灯《ちょうちん》に明かりがついて、上野山全域が光り輝いて見えたという。真っ暗闇の田舎の夜しか知らない者には驚愕《きょうがく》の眺めだ。

「東京という所はまっこと、しょうえいな」

面白い。歩くたびに未知との遭遇があって、わくわくと胸の高鳴りが止まらない。文明開化の都にすっかり魅了され、いっそのことこの街に住んでそのすべてを見てみようか。と、そんな気分にもなってくる。

同好の士たちとの出会い、刺激的な日々に酔いしれて……

牧野たちが泊まる家があった神田は、この頃、東京有数の繁華街だった。東側一帯は江戸時代からの職人町で民家が密集し、神田川の河岸に設けられた青物市場や古着市場はいつも大勢の人々でにぎわっている。

神田の北側一帯は江戸時代に広大な火除《ひよ》け地が設置され、この過密都市には貴重な広い土地が確保されていた。維新後の明治2年（1869）には、その土地を利用して東京大学の前身となった大学南校《なんこう》を開校。さらに、東京外国語学校（現・東京外国語大学）、高等商業学校（現・一橋大学）、華族学校（現・学習院大学）など官立の教育機関が建設される。また、かつて武士の居住区だった西側の駿河台では、明治時代中期頃から私立の法律学校が次々に開校されるようになった。明治時代後期になると、東京にある約150校の各種学校のうち約9割が神田区に集まっていたという。学生相手の書店やミルクホールも建ちならび東京最大の学生街に発展する。

牧野が初の上京をしたこの頃も、すでにその兆候が見てとれる。〝書生羽織〟と呼ばれる丈の長い羽織の襟元に丸首スタンドカラーのシャツをのぞかせながら闊歩《かっぽ》する、書生ファッションの若者を街でよく見かけた。友達と連れ立って歩くその連中は、インテリの自意識だろうか、大声で文学や哲学の話をしながら歩く。書生たちの口から発せられる言葉に聞き耳を立てながら、牧野も同じ研究をする者たちと話をしてみたい欲求にかられていた。


研究者たちと話をして見識を広げることも、東京に出てきた目的のひとつ。博覧会見学や顕微鏡購入などの用事を済ませてから間もなく、農商務省博物局に勤務する小野職愨《もとよし》を訪ねている。牧野が繰り返し読んだ『本草綱目啓蒙』の著者・小野蘭山の曾《ひ》孫《まご》にあたる人物だ。

小野もまた幕末期から本草学者として活躍していた。咸臨丸《かんりんまる》の小《お》笠原《がさわら》諸島巡察には医師として同行し、貴重な植物を採集したことでも知られている。維新後に大学南校で学び、博物局に雇用され植物学の学術書編纂《へんさん》に従事していた。牧野は彼が手がけた書籍も何冊か読んでおり、その感想を手紙に書いて送ったことがある。上京の折にはぜひ会って話がしてみたいと思っていた。

江戸城山下《やました》門の付近にあった島津《しまづ》藩邸などの大名屋敷の跡地約1万7000坪に、維新後は山下門内博物館が開設されていた。博物局もこの山下門内博物館の施設内にある。ちなみに、この後に博物館は上野へ移転され、跡地には鹿鳴館《ろくめいかん》が建てられた。現在は帝国ホテルの敷地になっている。

受付で小野との面会を求める。牧野から送られた手紙を読んで、小野も四国に植物研究に熱心な男がいることくらいは知っていたのだが、面識はまったくない。いきなりのアポなし訪問には少し面食らったようだ。現代ならば門前払いだろう。が、日本の植物学はまだ黎明《れいめい》期、向学心に燃える若者を少しでも増やして裾野《すその》を広げねばならない。そんな時代なだけに、素性の知れない田舎者のアポなし訪問にも親切に対応する。

小野は博物館内の展示物や書庫を案内してくれた。博物館内には動物や植物、鉱物などの陳列場が6棟、古物館、動物飼養所、植物分科園などがある。ここもまた見飽きることのない場所だった。牧野を案内しながらしばらく話すうちに、小野もこの青年の植物に関する知識が尋常ではないことを知る。それがすべて四国の片田舎で、独学により身に付けられたことを知ってさらに驚かされる。

この頃、牧野は郷土の植物を網羅した『土佐植物目録』を作ることに熱中していた。小野にその話をすると、標本の取り方や役立ちそうな文献について丁寧に教えてくれる。貴重なアドバイスに感銘して、牧野の声がいつも以上に大きくなる。それが静かな博物館の隅々まで響く。ヘンな田舎者が、かなり専門的なところに突っ込んで語っていると、館内の者たちもざわついてきた。

「なにやら、面白そうな男が来ているぞ」

職員たちが周りに集まってくる。そのなかには、田中芳夫《たなかよしお》もいる。本草学を学んだ田中は、植物だけではなく自然科学全般に通じた博学の人だった。幕府の命によりパリ万博で展示する昆虫標本を作成したことで知られ、新政府でも上野の博物館や動物園の設立に中心的な役割を担っていた。

その田中から伊藤圭介《いとうけいすけ》を紹介されて後日に会うことになる。

尾張《おわり》藩の蘭方医だった伊藤は、長崎に遊学した時にシーボルトからツンベルク著の『日本植物誌』を贈られ、これを翻訳して日本の植物研究を飛躍的に進化させた功労者。「おしべ」「めしべ」「花粉」など現代も使われる多くの植物用語を作った人物としても知られている。幕末期から本草学の第一人者として知られ、田中をはじめ植物学の黎明期に活躍した学者の多くが彼の門下生だった。

伊藤は新政府に乞《こ》われて上京し、小石川植物園で研究をするようになっていた。70歳を過ぎた高齢ながら、東京大学員外教授を経て、この年教授になり、植物園に頻繁に足を運んで研究生活をつづけている。本草学から植物研究の道に入った者はやはり、書物の知識よりも実物を自分の目で見ることを重視する。伊藤の話を聞くうちに、牧野は自分のやってきたことが間違いではなかったと確信した。


自分の進むべき道が明確に見えてきた。やはり、東京に来て良かったと思う。そうなると、じっとしてはいられない。日本中の植物をすべてこの目で見てやらねば。そんな気になって焦る。まずはその手始めに、

「ちくっと日光《にっこう》にでも行ってみるか」

と、いうことになった。維新後、日光は外国人の避暑地として開発が進められている。中禅寺湖《ちゅうぜんじこ》周辺には各国大使館の別荘が建てられ、欧米から多くの植物学者が訪れるようにもなっていた。

日光の高山植物は欧米人にも興味深い研究対象。有名なニッコウキスゲをはじめ名前に「日光」の地名がついた動植物が100種類以上も存在するのは、この地が明治

時代の植物研究におけるひとつの拠点になっていたからだろう。植物学を志す者なら、東京旅行のついでに一度行ってみたくなるのも分かる。

しかし、当時の日光は簡単に日帰りできるような場所ではない。それを「ちくっと（ちょっと）」と気軽に行こうとするのだから、やっぱり、他人からすると牧野の感覚はおかしい。

日光への鉄道やバス便などはまだなく、日光街道を徒歩や人力車で旅することになる。松尾芭蕉《まつおばしょう》の奥の細道と同じルートだ。

千住《せんじゅ》大橋を渡って東京から離れると、しだいに人家はまばらに。関東平野の台地に広がる赤色の土も、牧野には珍しく新鮮に映る。また、この地質に育つ固有の植物も多く、沿道に生い茂る草木にも興味津々。例によって足を止めて植物の観察や採集に熱が入り、大量の標本や写生画を抱えることになる。

日光から東京に戻るとすでに6月になっていた。四国への帰路では東海道を京都まで歩いて、じっくり各地を見聞する予定である。東京にはまだ見たいものがいっぱいあった。会ってみたい人、もう一度語りあいたい人々も大勢いたのだが……徒歩の旅に雨は大敵、梅雨が本格化する前に旅立たねばならない。急いで旅装を整えて、後ろ髪を引かれる思いで東京を後にした。

新橋から横浜までは蒸気機関車に乗り、そこから東海道を歩いた。最大の難所である箱根峠も、珍しい植物と出会える宝の山だった。

所々で人力車や乗合馬車にも乗ったが、基本は徒歩旅行。一緒に東海道を歩く2人の奉公人も頑健な若者だが、牧野の健脚は常人離れしている。この後に東京で暮らすようになってからも、友人たちを誘って散策がてらによく近郊へ植物採集にでかけた。往復40キロメートルにもなる行程を日帰りで歩くのだから、同行者は辟易《へきえき》させられたことだろう。

途中で中山道《なかせんどう》に入り、関ヶ原《せきがはら》に到達したときには1週間が過ぎていた。関ヶ原の古戦場の先には、伊吹《いぶき》山地が壁のようにして立ちはだかっている。その南側には鈴鹿山脈が連なる。このふたつの山脈の狭い間に街道を通し、日本を東西に分ける不破関《ふわのせき》が設置された。「関東」「関西」の地域名は、この関所に由来するものだ。風俗文化や動植物の分布状況も、この関所を境に大きく変わる。じつに興味深い場所だった。

牧野は不破関の北側にそびえる伊吹山に登ってみたいと考えていた。ヤマトタケルの神話にも登場し、昔から日本人にはよく知られた名山。標高は1377メートルと

中禅寺湖（栃木県日光市）

さほど高くはないが、急峻《きゅうしゅん》なことで知られる。昔から修験道《しゅげんどう》者たちが山中で厳しい修行に明け暮れ、維新後は登山家も多く訪れるようになった。

しかし、牧野には登山の知識もなければ装備もない。袴姿《はかますがた》に草履履きでこの山に挑むのは不安があった。同行の奉公人たちは、1週間歩きつづけて疲労困憊《こんぱい》。つき合わせるのも気の毒だ。彼らとはここで別れて先行させて、京都・三条《さんじょう》の旅館で待ち合わせることにした。

山麓《さんろく》にある民家にひとりで泊まる。翌朝からは薬業を営む人の案内で伊吹山に登ることにした。

伊吹山中にははじめて目にする珍しい植物があちこちにあり、採集に夢中となって険しい山の奥深くへと分け入る。登山家も二の足を踏むような急峻な崖《がけ》にも臆《おく》することなく挑んだ。登山家ジョージ・マロリーが、なぜエベレストに挑むのかと新聞記者から質問された時に「そこに、山があるからだ」と答えたという。牧野が同様の質問をされたならば、

「そこに、植物があるからだ」

と、言っただろうか？

伊吹山

山中では例によって、1人では持ち運びできないほどの大量の植物を採集している。そのなかに他の地域では見たことのないスミレがあった。スミレには種類が多く、同定が難しい花だといわれる。

しかし、牧野はその微《かす》かな違いを見逃さない。丁寧に摘み取り標本にし保存した。後にこのスミレの標本を東京大学植物学教室に持ち込んで教授たちに見せたところ、大学に保管される多くの標本のなかにも類似するものがなかった。教室中が色めき立ち外国の文献を引っ張りだして調べてみると、それがユーラシア大陸の西側に分布するヴィオラ・ミラビリスだと判明。和名がまだなかったことから「イブキスミレ」と命名された。そんな大発見をした場所ということもあり、牧野にとって伊吹山は特別な存在となる。

「伊吹山ほど面白い山、楽しい山はない」

そう語って、この後も頻繁に伊吹山に登った。

山中を歩く時はいつも高橋七蔵という人物が伴をした。高橋は対山館《たいざんかん》と名付けた山《さん》麓《ろく》の宿屋を経営している。牧野はここを常宿に、滞在中にはよく夜を徹して彼と語り明かした。伊吹山と高橋の人柄、そのどちらもお気に入りだったようである。

高橋も牧野にすっかり感化されてしまう。植物への関心が高まり、自らも植物研究を始めた。毎日のように山を歩いているだけに、伊吹山の植物については誰よりも精通するようになる。新種のギボウシを発見し、これを牧野の薦めで学会に発表したこともある。「シチゾウギボウシ」と高橋の名をとった和名がつけられた。

伊吹山での採集を終えた後、待合せ場所の京都へと向かう。伊吹山麓から琵琶湖岸までは1日で歩ける距離、そこから汽船に乗って大津まで行けば京都はもう目と鼻の先だ。三条の宿屋で奉公人たちと合流し、そこから鉄道と船を乗り継いで佐川に帰り着いた。

ひさしぶりに帰った故郷はすでに梅雨の最中。しとしと降りつづく長雨……だが、進むべき道はより明確になっている。もはやじっとしてはいられない。旅の疲れを癒《いや》す間もなくまた旅にでた。1ヶ月をかけて高知県内を歩きまわる。そこに生きる植物を調べ、東京で小野に教えられたことを参考に克明な記録にしてまとめる。

東京の学者たちにとって四国は秘境、そう簡単に行ける場所ではない。そこに住む自分にしか、この地の植物を調べることはできない。日本の植物学発展のために、これは絶対にやり遂げねばならないと『土佐植物目録』の完成を急ぐ。

政治運動では、退屈を解消できず

高知県内での植物調査をつづける一方で、牧野は政治運動にも加担するようになっていた。

征韓論《せいかんろん》を主張して敗れた板垣退助《いたがきたいすけ》は、明治7年（1874）に民撰《みんせん》議員設立の建白書を提出して明治政府の藩閥による独裁政治を批判。高知に帰郷し、憲法制定や国会開設など民主的な立憲国家の建設を訴えていた。自由民権運動は全国に波及してゆく。

「自由は土佐の山間より出づ」

という言葉が当時はよく語られ、震源地である高知県ではとくに運動が盛りあがっていた。自分たちの手で日本を変える。と、若者たちは異様なほどに興奮している。

佐川でも自由民権運動の結社が創設され、牧野はその中心メンバーとして活躍した。毎月のように地元で討論会を開き、演説や討論で熱弁をふるっていたという。政治にも関心が強く、政治に関する欧米の書物も多く読んでいる。イギリスの社会学者ハーバート・スペンサーの著書には、すべての人間が自由で平等の権利を持つべきであると記されている。その言葉に感銘をうけていた。自由を尊重しない政府を倒すべきだ

板垣退助（国立国会図書館所蔵）

と考えるようになり運動にのめり込んだ。

牧野は大勢の人の前でも物怖《ものお》じするようなタイプではない。舌もよくまわるので、人々を扇動するには向いている。政治家になれば成功したのかもしれない。しかし、その熱が冷めるのは早かった。明治17年(1884)には自由党を脱党してしまう。

「私は何も政治で身を立てるわけではないから、学問に専念し国に報ずるのが私の使命であると考え、自由党から退くことになった」

と、自叙伝には書かれている。牧野は多趣味な男だ。政治運動も彼の数ある趣味のひとつだったのだろう。しかし、運動が盛んになってくると、それに取られる時間が増える。各地の集会や会合に呼ばれ、血気盛んな運動家たちの長々とした議論につき合わされる。自分の本業と考える植物研究にも支障がでるようになり、運動とは距離をおくことにした。そしてもう一度、東京に行こうと考えるようになる。

自由党は脱党したが、佐川にいれば旧知の党員たちとのつき合いをすべて断つことはできない。政治運動と完全に決別するには故郷を離れる必要がある。牧野はなにかと目立つ男だけに警察からマークされてもいたのだろう。政府は自由民権運動の摘発に本腰を入れるようになってきた。ここにいれば何か事件が起きた時に逮捕されるかもしれない。また、本格的に植物研究に取り組むのならば、いつまでも田舎に引き籠《こ》もっているのはマズい。最新の情報が集まる東京でなければ話にならない。

と、この年の4月に牧野は再び上京した。今度は下宿を探して腰を据えて滞在するつもり。この頃になると、商売を継ぐ気は失《う》せている。植物研究はもはや趣味の域を超えていた。

祖母はあいかわらず何も反対せず、やりたいようにさせてくれる。匙《さじ》を投げていたのだろうか？　岸屋は雑貨店を廃業し、2～3年前には酒造業も他人に貸して利益配分だけを受けるようになっていた。猶と結婚して跡取りが生まれたら、その子が岸屋を継いで商売を再開すればいい。放蕩《ほうとう》者の孫に適当な商売をさせれば身代が傾く。いまは信頼できる者に任せておいたほうが安全だろう。そんなふうに考えていたのかもしれない。

第4章　大学追放と祖母の死、最大の試練

東京大学理学部植物学教室

上京して最初に住んだのは、飯田町にある下宿屋だった。伊藤博文内閣で司法大臣を務めた山田《やまだ》顕義《あきよし》の屋敷が近くにあったという。現在の東京大神宮の付近。妻・寿衛子が父の存命中に住んだ屋敷からも、200〜300メートルと近かった。将来の伴《はん》侶《りょ》がそんな近くに住んでいようとは、この時の牧野が知る由もない。

下宿代は月額4円。巡査や学校教員の初任給が5〜6円ということを考えると、下宿人は裕福な家に生まれて大学に通うような若者に限られる。朝になると下宿人たちは飯をかき込み、授業に遅れまいと慌てて駆けだしてゆく。騒々しくせわしない光景。そのなかで、1人のんびりと食後の茶をすする牧野の姿は奇異に映る。

学問は学校で習うもの。昔も今もそれが常識だ。牧野も故郷を出る時には、友人や親類縁者に「学問をするために東京へ出る」と言っていた。嘘ではない。が、彼の学ぶ場所は学校ではなかった。五松学舎に入塾して高知で暮らした時と同様に、書店をめぐって本を物色し、同好の士を訪ねては植物に関する議論をする日々。

牧野が上京して最初に住んだ場所の付近（東京都千代田区）

また、天気の良い日には近郊を歩きまわって植物を採集した。

やがて下宿の部屋は、集めた植物で埋め尽くされるようになった。根っこに付いてきた泥が畳のあちこちに落ちている。

「牧野の部屋はまるでタヌキの巣穴のようだな」

惨状を目にした他の下宿人たちはそう言って呆《あき》れた。家主は困ったやつに部屋を貸したと後悔したことだろう。牧野は上京してから幾度も下宿を引っ越しているが、部屋を汚されることを嫌う家主から退去を求められたこともあっただろうか。


学校に行かず、働くこともなく、どこからか集めてきた草木に埋もれて暮らしている。同居人の学生たちからすると、不可思議な男だった。しかし、その植物に賭《か》ける熱意は「ただ者ではない」と感心させられる。

「うちの下宿に面白い男がいる」

と、同宿の学生が牧野を東京大学の植物学教室に連れて行き、矢田部良吉《やたべりょうきち》教授に紹介した。植物に関することでは、何かの役に立つと思ったのかもしれない。

東京大学理学部には生物、地質、工学などの8学科があり、生物学科は植物学と動物学の専攻に分かれている。植物学教室は植物学専攻の本拠、これを統括する初代植物学教授に就任したのが矢田部だった。

当時の植物学教室は「青長屋」の別名で呼ばれる木造平屋の建物。もともとは医学部の病棟として使われていたが、ここに動植物学科が移ってきた。植物学教室には3室が割当てられている。それを教授室、講義室、実験室として使っていた。手狭で充分な実験スペースがなかったことから、学生たちは廊下に机を並べて実験や実習をしている。

最も権威ある植物研究の場がこのような貧弱な設備なのだから、日本の植物学の現状は推して知るべし。採集した植物は外国に送り、欧米の植物学者に鑑定を依頼していた。日本の植物なのに、日本の学者たちが種を分類することができない。矢田部たちも外国依存からの脱却をめざしてはいたのだが、いかんせん資料が不足している。日本各地からもっと標本を集めておかねばならない。

しかし、日本は広い。交通網が未整備な頃だけに、遠い地方に行って植物採集をするのは時間を要する。また、講師や学生は東京など都市部の出身者が大半。不慣れな僻地《へきち》では様々な苦労を強いられ、思ったように標本が集まらない。

そんな時に牧野が現れた。東京を離れた地方に植物学の知識のある者がいたことに、矢田部は驚かされる。植物学を志す者はみんな東京に出て、この教室の学生になっているはずだと……だから、標本の収集に苦労しているのだ。もしも、日本の各地に植物学の知識がある者が住んでいれば、もっと集めやすくなるはずだ。

明治期の日本で牧野はオーパーツ。ありえない存在だった。小学校中退ながら、独学して欧米の書籍もひと通り読んでいる。素人ではないことがすぐに分かった。彼が描いたという植物図の細密で正確なこと、持ってきた標本の保存がしっかりしていることにも感心させられる。しかも、伊吹山や四国の山々など、植物学教室の者たちが行くことができない秘境に行って標本を取っているというのだから、

「この若者は使える」

そう思うのは当然だろう。牧野は植物学教室に出入りして、顕微鏡など研究機材の使用や文献資料を閲覧することを許される。

矢田部は幕末期から英語のエキスパートとして知られ、維新後は外交官として長くアメリカに住んでいた。外交官を辞した後、官費でコーネル大学に留学。ここで植物学を学び、東京大学が開校した時に植物学の初代教授に就任している。髭《ひげ》の口元にはいつも微笑みを浮かべ、物腰は柔らかい。

矢田部良吉（国立国会図書館所蔵）

下がった目尻《めじり》やふくよかな頬が温和な雰囲気を漂わせる。コーネル大学時代の渾名《あだな》は「クラスの天使」だったという。

彼の牧野に対する第一印象は悪くなかった。矢田部が最初に英語を習った師は、牧野と同じ土佐出身の中浜万次郎《なかはままんじろう》(ジョン万次郎)だった。それも影響していたのだろうか。牧野の無邪気で正直な態度も新鮮に映り好感を抱いたようでもある。田舎から出てきたばかりの世間知らずな若者ゆえに、時々、非常識な行動をすることもあるのだが、

「そのうち、わかってくるだろう」

と、鷹揚《おうよう》にかまえて見てみぬふりをしつづけた。矢田部教授は学生に対しても放任主義で、細かいことに口出しはしない。早くから男女共学にも賛成するなど、異端を受け入れる度量もあった。だから素性の知れない若者でも、使えると見れば躊躇《ちゅうちょ》せずに大学の出入りを許したのだろう。

祖母の死により人生設計に狂いが生じる

牧野は植物学教室や大学附属の植物園を頻繁に訪れるようになる。日本で最も充実

中浜万次郎（国立国会図書館）

した蔵書群や、欧米から届く最新の研究データを読み漁《あさ》り知識量を増やしていった。数ヶ月そうやって東京で暮らすと、残りの数ヶ月は故郷に戻って四国各地の植物を調査する。寿衛子と出会う前までは、そんなふうに東京と郷里を行き来しながら暮らしていた。

牧野を使って大学に不足する標本を集めることは、矢田部の思惑でもあったのだが、それを忖度《そんたく》してやっていたのではない。相手の気持ちを慮《おもんぱか》るなど、牧野に求めるのは無理だ。教室で読んだ文献や研究報告に疑問を感じれば、解決するために現地へ赴く。行ってみたい場所、見てみたい植物があるから行く。それだけだった。

また、この頃には植物学教室の学生だった市川延次郎《いちかわのぶじろう》や染谷徳五郎《そめやとくごろう》と一緒に、植物学の雑誌の創刊をめざして動いている。

2人とはすっかり意気投合し、親友と呼べる間柄になっていた。彼らは牧野の下宿にも遊びに来るようになり、夜遅くまで熱い議論を交わした。日本にはまだ植物に関する学術雑誌がなく、自分たちがそれをやるべきだという話で盛りあがる。

それを矢田部に話したところ彼も大賛成して、雑誌は東京植物学会の機関誌として発刊することになった。東京植物学会は東京大学生物学会から独立した団体、矢田部が明治15年（1882）に設立したものだ。後に日本植物学会に改称されて公益社団法人として現存している。

自分たちで雑誌を作るとなれば編集や印刷のことを調べねばならず、他にも色々とやることが多く忙しかった。しかし、人々に植物への興味を抱かせて研究の裾野《すその》を広げるのに、出版はもってこいのツール。自分が野山を歩いて得た植物に関する知識を、多くの人々に知ってもらいたい。牧野は熱情を傾けて創刊の準備を進めた。

そして、明治20年（1887）2月には『植物学雑誌』と命名した植物の学術雑誌が創刊される。この後は1年交代で編集幹事をやりながら、定期刊行物として発行をつづけることも決まった。

牧野の出版への関心はさらに高まる。雑誌の創刊につづいて、植物図を大量に使った『日本植物志図篇』の出版を思いつく。

牧野の画才は誰もが認めていた。植物採集にでかける際には、必ずスケッチブックを持参して植物を写生する。ひとつの個体をスケッチするのではなく多数の個体を観察して、その植物の典型的・標準的な姿を描くことを心がけた。写真が未発達だった時代、それは植物学研究の貴重な資料となっていた。昔の本草学者も筆と墨で植物図を描いた。しかし、牧野の描く植物図は次元が違う。植物の写生には面相筆を使うのが一般的だが、彼は蒔絵《まきえ》筆を使って植物の細部を精密に描くことにこだわった。色へのこだわりもまた強い。実際の植物の色を再現するために、イギリス製ウィンザーニュートンの絵具を使っていたが、日本ではかなり高価なものだったという。

この細密に描かれた植物図を本にするために、前出の太田義一に弟子入りして石版印刷の技術を学ぶようになっていた。当初は故郷の佐川で出版するつもりで、印刷機械一式を購入して輸送している。すべてを自費でやろうというのだから、祖母にはまた大金を無心していた。

牧野の勉強心得「赭鞭一撻」には「吝《りん》財者は植学者たるを得ず」とある。研究のために使う金を惜しむような者は、植物学者として大成することはできないということだ。しかし、祖母がいなければ、勉強心得を実践することはできない。彼女はあいかわらず、牧野が求めるだけの金を工面して与えつづけていた。

その祖母が突然の病に倒れてしまう。卒中だった。それは『植物学雑誌』創刊号の完成とほぼ同時期、南国土佐とはいえかなり冷え込む2月の頃である。牧野は慌てて帰郷するが、祖母は意識酩酊《めいてい》してもはや満足に喋《しゃべ》ることができない状態だったという。

一度も床から起き上がることなく、5月に亡くなった。

こうなってしまうと、今後のことをはっきりさせる必要がある。親類縁者には牧野が岸屋を継ぐと考えている者も多い。祖母の存命中は曖昧《あいまい》にしてきたが、もはやそういった態度は許されない。

牧野の心はすでに決まっている。家業を継ぐ気はなかった。番頭として仕えてきた井上和之助と猶を結婚させて、岸屋を彼らに譲ることにする。自分は今後一切、商売には関わらないと決めた。すべての後始末を井上に押し付けた？　そんなふうにも思えるのだが。これで大きな肩の荷がおりたことは間違いない。自分の意志ではなかったとはいえ、猶を裏切り、郷里に放置した状態に心苦しさはあったはず。父祖が築きあげた事業の行く末も気にかかっていただろう。

ちなみに井上に譲った酒造業は、明治時代末期に佐川最大の蔵元だった竹村家に買収され、現在は高知県を代表する銘酒『司牡丹《つかさぼたん》』の蔵元に引き継がれている。

また、祖母の存命中は牧野に東京永住の意思はなかった。学ぶべきことを学び見たいものを見た後は、佐川に腰を落ち着けて研究をつづけるつもり。そのため購入した石版印刷機も佐川に送り、そこで出版事業を立ち上げようとしていた。資料を充実させ、いずれは大学にあるような研究機材をすべて買い揃え、実家を研究の拠点にしようと考えていた。祖母の突然の死によりその人生設計は大きく狂ってしまう。

実家の資産についてもまったく関知していなかった。有数の資産家だけに、商売を譲って家財を整理すれば、この後も悠々自適に暮らせる金は残るはず。とか、お気楽な皮算用をしていたようなふしがある。しかし、よくよく調べてみると貯蓄は予想外に少なく、負債もあちこちにある。岸屋の身代が傾くほどに、牧野の金遣いは荒かったようだ。祖母の忍耐力には恐れ入る。

実家の資産整理がすべて完了するのは2年ほど後になるが、岸屋の状況を知ってからも牧野はどこ吹く風で散財をつづける。出版事業や書籍購入、植物採集の旅行などで、残り少ない資産はさらに目減りしてゆくことになる。

世紀の大発見、その直後に大学への出入りを禁じられ……

祖母の助力なしに、佐川で出版事業を立ち上げることはできない。軌道修正して『日本植物志図篇』の印刷は東京の業者に委《ゆだ》ねることになった。

文章よりも絵で見せたほうが、一般の人々には分かりやすく関心も持ちやすい。そのため図篇として出版することにした。だが、この頃の国産品インキは粗悪で、精密な画像を印刷するには高価な輸入品を使わねばならない。植物図を多く載せればそれだけ印刷代は割高になる。

岸屋は廃業して収入の道は閉ざされ、資産は減りつづける一方だ。この状況では出費をできるだけ抑えねばならない。いくら金のことに無頓着《むとんちゃく》な牧野とはいえ、それくらいは分かっているはずなのだが……「吝財者は植学者たるを得ず」の心得を忠実に守って、一切妥協することなく本づくりを進める。

明治21年（１８８８）11月、『日本植物志図篇』第一巻第一集が完成した。絵図や文章はもちろん、印刷の版下まですべて牧野が１人で作りあげたという。そこまでやる研究者は他にはいない。印刷した本は神田神保町《じんぼうちょう》に持ち込んで販売を委託したが、費やした資金や労力を回収するのは難しい。

それでも続編を刊行しつづけて、やがては日本にある植物をすべて網羅するという壮大な夢を抱いている。実家からの資金供与はもう期待できない。冷静に考えれば金がつづくわけがない。しかし、

「なんらぁなるさ」

と、これまで通り、後先を考えず金のことは一切無視して突っ走る気満々。お気楽

というのとは少し違う。好きなことをやりつづけて無一文になり破滅しても本望。そんな覚悟が見て取れる。

『日本植物志図篇』は第二集、第三集と、資産をすり減らしながら続編を出版しつづけた。その間にも牧野は各地にでかけて、植物の観察や採集にいっそう熱を入れる。その活動がやがて植物学界を驚かせる大発見につながった。

明治22年（1889）1月、牧野は東大助教授だった大久保三郎《おおくぼさぶろう》と共に行った研究から、新種植物の発見に関する研究論文を『植物学雑誌』の誌面で発表している。後に「ヤマトグサ」と呼ばれるこの植物は、本州の関東以西に広く分布するハコベに似た小さな草花。明治17年（1884）に故郷・佐川近郊の名野川《なのかわ》でこれを最初に採取した時は、標本が不完全で新種と気がつかなかったという。2年後に同じ場所で完全な姿をしたものを見つけて、改めて調べたところ日本固有種の新種植物であることが判明する。

前年には牧野と親交のあった伊藤圭介の孫・篤太郎《とくたろう》が、トガクシソウの発見で日本人初の新種植物発見者となっていた。しかし、この時には日本人の手で鑑定することができず、東アジア植物研究の第一人者だったロシアの植物学者マキシモヴィッチに

ヤマトグサ

標本を送り判断を仰いだ。新種植物の発見から鑑定までをすべてやってのけたのは、牧野が日本初ということになる。

植物の学名は「属名」「種小名」「命名者」で表される。ヤマトグサの学名は「*Theligonum japonicum* Okubo et Makino」なのだが、植物には学名とは別に「スミレ」「ドクダミ」などといった世間一般で用いられる「普通名」というものがある。日本ではこれを「和名」と呼んでいる。

ヤマトグサも「*Theligonum japonicum* Okubo et Makino」の和名。新種の発見者が和名をつけるのが慣習だった。牧野はこのヤマトグサから始まって、生涯に1500種以上の植物を発見しその命名者となっている。植物の和名をつけるにあたり、彼にはひとつ強いこだわりがあった。日本人は中国から取り寄せた本草学の書籍で植物について学んだ。そのため植物の名称はすべて中国に倣って漢字で表記し、維新後の植物学界でもその因襲にとらわれて漢字を用いていた。しかし、

「こんな他国の文字を用いて我が国の植物を書く必要は認めない」

そう言って、これまで漢字で表記されていた植物名をカタカナに書き改めることを提唱した。読み書きが難しくて面倒臭い漢字を使うよりも、日本の文字であるカタカ

ナを使うほうが合理的で便利だ。また、日本の植物にはカタカナを使うことで、中国にある類似した植物との混同を防ぐことができる。

場所も相手も考えず、思ったことをすぐに口にしてしまうのが性分。カタカナ表記についても、あちこちで煩《うるさ》く主張しつづけたようだ。しかし、もはや彼はただの植物好きの田舎者ではない。新種植物発見者として知られる存在となり、発言はそれなりに尊重される。やがて東京帝国大学では、牧野の意見を採用して動植物名をカタカナで統一するようになった。現在も日本では植物の学術名称にはカタカナを用いるのが決まり事になっている。

牧野は明治23年（1890）5月になると、ヤマトグサにつづく大発見でまた世間を驚かせる。ヤナギの実の標本を採るため、東京府の外れにある南葛飾《みなみかつしか》郡小岩《こいわ》村（現在は江戸川区）にでかけたのだが、江戸川付近にあった用水池の周辺に繁るヤナギに近寄った時、ふと足元の池を眺めると、水面にタヌキの尻尾《しっぽ》のような形状の水草が目についた。

これを採取して大学に持ち帰り詳しく調べたところ、ヨーロッパなどでのみ存在が確認されていた希少な植物であることが判明する。それが日本にも生息していることが確認されたのだから、世界中の植物学者を驚かせる大発見だった。

この植物の学名は「*Aldrovanda vesiculosa* L.」。二枚貝のような器官を開閉してプランクトンなどを捕食する食虫植物だ。牧野はその形状から「タヌキモ」と名付けようとしたが、すでに同じ和名の植物が存在することから「ムジナモ」になったという。

相次ぐ大発見でますます牧野には注目が集まる。彼が手がけている『日本植物志図篇』も話題となり、続編の刊行を望む声が高まっていた。

だが、これで順風満帆……とはいかない。牧野には友人も多いが、敵も多い。空気を読まない言動はあいかわらず。日本の植物学の発展を思えばこそ、相手には耳の痛いことも所構わずしゃべってしまう。名前を知られるようになってきたこの頃になると「あいつは調子に乗っている」と、それが悪目立ちする。

世間に名前を知られるようにはなった。しかし、大学に講師や学生として在籍しているわけではなく、相変わらず無職の「ニート」。矢田部の好意で出入りを許されているだけで、いつ追い出されても文句が言える立場ではない。それだけに、矢田部の機嫌を損なわぬよう細心の注意をするべきなのだが、「忖度《そんたく》」という言葉は牧野の辞書にはない。他人の顔色をうかがって行動するなんて無理だ。

ムジナモ

ムジナモの大発見からまもなくして、牧野は植物学科への出入り禁止を通告される。この出来事について自叙伝のなかでは、

「思いもよらぬ事が起った」

と、まるで青天《せいてん》の霹靂《へきれき》のように書いてある。

しかし、そう思ったのは本人だけではなかったのか？　他の者たちはこうなることをすでに予測していた気がする。矢田部は牧野の出入りを禁じた理由について、

「西洋でもひとつの仕事を完成させるまでは、他人に見せないのがしきたりになっている。だから、私が植物志の仕事をしている間は、君が教室に来るのはやめてほしい」

本人にはこのように伝えたという。この頃、矢田部も『日本植物志』を出版しようとしていた。同類の本を出版する牧野に教室へ出入りされて、研究途中の資料を見られるのは困るというわけだ。

しかし、それは表向きのことだろう。矢田部が当初期待したほどの利用価値が牧野にはなかった。

各地で収集した標本は牧野が自分のために使うことを目的に集めたものだ。どんな

植物を採集しているのか、本人以外には誰も把握していないだけに、大学の資料として共有するのは難しい。使えないヤツだ。そう思うと、しだいに傍若無人な行動にいら立ってくる。

牧野は植物学科に顔を見せると、蔵書や資料を勝手に引っ掻《か》きまわして散らかし放題にしてしまう。書籍を拝借して下宿に持ち帰り、いつまで経っても返してこないことがよくあった。また、凄《すさ》まじい集中力で一切を遮断して研究に没頭する。周囲のことは何も見ず聞かず。ひとり言をぶつぶつ呟《つぶや》いて、教室を騒々しく歩きまわる姿がよく見かけられた。他者への配慮が完全に欠落しているだけに、

「うるさくて、鬱陶《うっとう》しいやつだ」

「居候に母屋《おもや》を乗っ取られたみたいだな」

などと、快く思わない者はでてくる。ひんしゅくを買っても仕方がない。矢田部は鷹揚《おうよう》な人物ではあるのだが、そんな彼でさえ腹に据えかねることがあったのだろう。植物志の刊行を思い立ったのは、困った居候を追い出すのにちょうどいい理由になる。

ロシア行きに失敗して万策尽きる

大学への出入りを禁じられ機材や資料が使えなくなると、研究をつづけることは難しい。『日本植物志図篇』の続編も出版できなくなる。

「このままじゃあ、どうにもならん」

状況を打開するために思案をめぐらせる。そして思いついた起死回生の策は、ロシアに移住するという突拍子もないものだった。サンクトペテルブルクにいるマキシモヴィッチ博士に弟子入りして、研究をつづけようというのである。

マキシモヴィッチ博士は日本を含む東アジアの植物に関する世界一の権威。日本で採集した植物は、彼のもとに送って鑑定を依頼することが多かった。博士が所蔵する標本などの資料は、植物学科よりよっぽど充実している。牧野は植物学教室に出入りする以前から、博士のもとへ頻繁に手紙や標本を送っていた。『日本植物志図篇』を贈呈した時には、そこに描かれた植物図が繊細で正確であることを称賛した返信が届いている。

マキシモヴィッチ博士は自分を高く評価してくれているという確信があった。弟子入りを望めば受け入れてくれるはず。この先も植物の研究をつづけるなら、ロシアに行くしか手はないと決意した。

しかし、牧野はロシア語を話せない。英語のほうはそれなりの読み書きはできるが、会話となったらどうだろうか？　また、渡航費や現地での滞在費はどうするのか？　この頃、外務省や陸軍省などがロシアへ留学生を派遣する際には、1ヶ月あたり100～200円の生活費を支給していた。国内では10円あれば人並みの生活ができるといわれた時代である。海外暮らしにはその10倍以上の生活費がかかるということだ。

ロシアに行っても金を稼ぐあてはなく、生活費や研究費はすべて日本からの送金に頼ることになる。岸屋の商売はすでに人手に渡り、残されたわずかな資産は目減りしつづけている。そんな余裕はとてもない。冷静に考えると無理な話だ。が、植物のことになると冷静な判断ができなくなってしまう。

そして、ロシア行きにはもうひとつ大問題がある。牧野は寿衛子と結婚をしている。下谷区《したや》（現在は台東区《たいとう》）の根岸に家を借りて一緒に暮らしていた。ロシア行きが実現すれば、新婚ほやほやの時期に妻と離れて単身赴任することになる。

シベリア鉄道はまだ開通していなかった。サンクトペテルブルクへ行くには、船でフランスのマルセイユまで行き、そこから鉄道を乗り継がねばならない。2ヶ月近い長旅になる。何かあっても簡単には帰ることができない。

寿衛子の母親を説得するのに時間を要したこともあり、結婚にこぎつけるまで2年の月日を費やしている。そんな大恋愛の末に結ばれた愛《いと》おしい妻なのだが、牧野はいともあっさりと彼女を置いてロシアへ行くことを決断したのである。

その口からは妻への未練や心配は一切聞かれない。普通なら後ろ髪を引かれる心情を、どこかで語っていそうなものだが……研究をつづけるにはロシアへ行くしかない。その強い思いに意識を支配され、残される妻の心情に思いが及ばない。ロシアに行くという目標だけを見据えて全力疾走。〝脇目もふらず〟に。異常なほどの集中力はここでも発揮される。第三者からすると「冷酷」「自分勝手」といった印象にも映る。

さすがに寿衛子もこれには呆然《ぼうぜん》としただろう。この結婚を後悔しなかったか？　だが、彼女にとっては幸いなことに、夫のロシア行きは呆気《あっけ》なく潰えてしまう。牧野は駿河台にあるニコライ堂教主の推薦状を添えて、マキシモヴィッチ博士に弟子入りを志願する書簡を送っていた。その返信が届いたのだが、差出人は博士本人ではなくその妻からだ。開封して見ると、そこには博士はすでに亡くなったと書いてある。

「たまるか！」

大学への出入りを禁じられた時以上の衝撃。驚き、思わず絶叫した。

マキシモヴィッチ博士が亡くなったのは明治24年（1891）2月16日。流行性感冒（インフルエンザ）を患っての急死だった。

1年ほど前からロシアでは悪性の風邪が大流行している。高熱などの重い症状があり、普通の風邪よりも致死率が高いことで恐れられていた。その流行はやがてアジアにも広がり、日本でも多数の感染者が発生した。後に「ロシア風邪」と呼ばれ、犠牲者は世界中で約100万人を数えたという。

頼みの綱だったマキシモヴィッチ博士が亡くなり、いよいよ八方塞《ふさ》がりに。この頃には実家の家財整理もほぼ完了し、確認のため帰郷せねばならなくなった。

清算をすべて終えて手元に残った金を見てみれば、予想していたよりもさらに少ない。マキシモヴィッチ博士の死につづいて、これもまたショック……寿衛子との間には長女・園子《そのこ》が生まれている。このままでは研究どころか、妻子の生活もままならなくなる。普通ならかなり焦るところだ。だが、牧野は動じない。家財整理が一段落すると、石鎚山《いしづちさん》など四国の秘境エリアに植物採集にでかけた。どんな状況に置かれても研究のことが第一、そこはけっしてブレない。

また、この大変な時期に植物以外の余計なことにも手を出して散財した。多趣味な牧野は、西洋音楽にも関心が強くその方面の知識がある。知り合いの新聞記者に誘われ、高知市内にある女子師範学校の音楽授業を見学することになった。四国ではまだ珍しかった西洋音楽を普及させるために、わざわざ音楽教師を招聘《しょうへい》したというから期待していたのだが、その授業を見て、

「こりゃあ、いかん」

と、悪い癖を出してしまう。音楽教師が拍子の取り方を間違えていることに気がついた。他にも色々と間違ったことを教えているから、気になってしょうがない。導入期に間違った教え方をすれば後々大変なことになると危惧《きぐ》した。ここは自分がひと肌脱いで、高知県に正しい西洋音楽を普及させようと動きだす。「高知西洋音楽会」を設立して西洋音楽の普及をはかる。

その活動のため高知市内の高級旅館に逗留《とうりゅう》して80円を散財した。庶民の年収に相当する金額。そんな場合ではないのだが、神経がよっぽど図太くできているのか？　それとも、金で苦労したことのないお坊ちゃん育ちには、この状況をまだ現実として受け止めることができないのか？

明治24年（1891）の暮れに帰郷してから、1年以上も東京を離れることになった。財産整理の確認なら数日あれば終わりそうだが。大学に出入りすることができなければ、急いで東京に戻ってもやることがない。四国で採集をつづけて標本を充実させるほうが、よっぽど有意義だと考えたようである。

結局、ロシアに行かなくても、妻子を放ったらかしにして別居生活をすることになってしまった。牧野は生涯、寿衛子を愛しつづけ、晩年になってものろけ話をよく語っていた。それを文章にも多く残している。

明治生まれの男にしては珍しい愛妻家だ。しかし、植物のことになると最愛の妻の存在を忘れて、その存在を無視するような行動をする。牧野は好奇心が強くあらゆることに興味を示す。凝り性で何事も熱意をもって徹底して取り組んできた。だが、その数ある「好きなもの」には、彼のなかで不動の序列がある。妻子のことは愛している。しかし、それよりも優先するべきは植物だ、と。

第5章　吝財者は植学者たるを得ず

増えつづける借金の山

明治26年（1893）1月、牧野のもとに訃報《ふほう》が届く。長女・園子が亡くなった。さすがに身内の死に際しては、これを無視することもできず。2年越しになる佐川での生活を切り上げて東京へ戻ることになった。

牧野夫婦は子宝に恵まれ、生涯に13人の子が生まれている。この時代に6人以上の子がある夫婦は40〜50％、合計特殊出生率は4〜5といったところ。東京のような都市部ではもっと少なく、当時としても13人というのはかなりの子だくさん。しかし、牧野の子どもたちで無事に成長したのは7人だけ、半数が夭折《ようせつ》している。明治時代中頃までの乳幼児死亡率は25％程度だから、こちらもまた多い。この後も同じ悲しみを幾度も経験することになる。

東京の家に帰ると、真新しい位牌《いはい》が祀《まつ》られていた。生きていれば娘は2歳に成長し、よちよち歩きができるようになっていただろうか。その姿はもう見ることができない。

日頃は陽気な牧野だが、この時ばかりはさすがに表情が暗い。

しかし、帰京は嫌なことばかりではなかった。大学への出入りが再び許されたのである。牧野を大学から追い出した矢田部は、免職となり東京高等師範学校に移っている。後任として植物学科教授に就任した松村任三《まつむらじんぞう》から、牧野のもとに手紙が届き「大学に復帰させてやるから早く東京に戻るように」と催促されていた。しかも、今度は居候ではなく、正式に大学職員の「助手」として迎え入れてくれるという。

帝国大学を卒業した者が助手として大学に残ることを希望しても、採用枠が埋まって願いが叶《かな》えられないことはある。新種発見などの実績があるとはいえ、小学校中退の牧野を採用するには松村もそれなりに骨を折ったことだろう。

松村は常陸松岡《ひたちまつおか》藩家老の長男に生まれ、幼少期から武芸の修行に励み厳しく躾《しつ》けられたという。努力家の秀才肌で真面目な性格、牧野とは合わないタイプのように思えるのだが。しかし、これまでも彼は事あるごとに、牧野の味方をしている。和名のカタカナ表記を提唱した時には真っ先に賛同し、『日本植物志図篇』の出版についても、「余ハ今日、只今《ただいま》、日本帝国内ニ、本邦植物志図篇ヲ著スベキ人ハ、牧野富太郎氏一人アルノミト」

このような文章を『植物学雑誌』に寄稿してエールを送った。その能力を高く評価していたようである。

明治19年（1886）に「東京大学」は「帝国大学」に名称を改め、文部省予算の大半が注ぎ込まれて、大学施設の拡充が急がれていた。

牧野が大学に復帰した年、植物学科は青長屋から2階建ての大きな校舎に移転している。かつては医学部本部が使用していた建物で、屋根に大きな時計塔があったことから「時計台」の通称で呼ばれる建物。館内には8つの教室があり、専有スペースは以前の青長屋よりも格段に広がった。生物理学研究や分類研究など分野ごとの研究室にくわえて、学年別の学生実験室もある。施設の拡張に伴って人員を増やしていた頃でもあり、牧野の帰京は絶好のタイミングだった。

助手は大学の正規職員で、月額15円の給料が支給される。実家の資産を食い尽くしているだけに、固定収入が得られるのはありがたい。当時の大卒初任給平均額20円よりも安いが、師範学校を卒業した小学校教師の初任給8円と比べると倍近い額になる。小学校中退者には異例の高待遇といえるだろう。

庶民は日給月給で何の保障もない非正規雇用が大半。安定した収入を得られる「月給取り」になるには中学校卒業以上の学歴が必要だった。それでも牧野は給料が安いと不満を漏らしている。資産家の家に生まれて金に不自由することなく生きてきた。自分で金を稼いだことがないだけに、世間の賃金水準にも疎い。

贅沢《ぜいたく》はできないが、なんとか家族を養っていける額だったはず。普通はそうなのだが、この男に「普通」を求めるのは無理。金遣いの荒さは尋常ではない。

「百円の金を五十円にして使う男」

友達からはこのように揶揄《やゆ》されていた。高価な書籍を何冊も大人買いすれば、すぐに給料袋は空になる。それでも気にすることなく借金して本を買う。採集旅行にでかけるために、さらに借金をする。貸してもらえるのならば、金利などまったく気にしない。

牧野がつけていた借金帳が現存している。それを見ると、高利貸しから金を借りて、その利息を払うために他の高利貸しからまた金を借りるということを繰り返していた。返せるあてのない借金がすごい勢いで増えつづける。帰京してからわずか1～2年の間に、累積した借金の額は2000円にもなっていた。牧野の給料の10年分以上。利息は日ごとに増えて借金の額は膨らみつづける一方だ。借金取りが家に押しかけてきて家財道具を差し押さえられたりもした。

家賃の支払いも滞っている。何ヶ月も家賃を溜《た》めて、家を追い出されたことも何度かあった。しかし、引っ越すたびに新居は広くなり部屋数が増える。標本や資料が増えつづけ、それを収蔵するためにより広い家が必要になってくる。当然、家賃のほうも高くなり、その支払いにも苦しめられた。資料や標本類を処分して書斎を持つことを諦《あきら》めれば、家は小さくてすむ。家賃を抑えることができるのだが、牧野にはそれも無理な相談だ。

このままでは、やがて破滅する。誰の目にも明らかだった。牧野の窮状は大学の内外でも噂になる。

学習院院長に就任していた田中光顕をはじめ、同郷の名士たちがその噂を聞きつけて救済に乗りだした。田中たちは同じ土佐出身である三菱財閥の総帥・岩崎《いわさき》家に頼み込んで、牧野の借金を肩代わりしてもらう。同郷者の仲間意識が強い時代、それによって救われた。

しかし、これで懲りるような男ではなかった。贅沢するために金を使っているのではない。研究のため必要なものに使っているのだから、何を反省する必要がある。と、後ろめたさなどは微塵《みじん》も感じてない。これまで通りに、必要だと思うものには惜しげ

田中光顕（国立国会図書館所蔵）

もなく金を使いつづける。再び借金漬けになるのは時間の問題か……。

借金生活は植物学者の宿命か?

助手の月給は物価上昇にあわせて少しずつ昇給しているが、牧野が使う金はそれ以上に多くなっている。各地にでかけて精力的に採集活動をつづけた。フィールドワークの経験と実績では、植物学界で牧野の右にでる者はない。大学が出張費を出してくれなければ、金を借り自腹で調査にでかけてしまう。借金は増えつづけていた。借金額に比例して、彼の大学内での存在感も増していった。得難い人材であることは、誰もが認めている。

明治29年(1896)には台湾まで調査旅行にでかけた。日本が日清《にっしん》戦争に勝利して台湾を割譲されてから1年余り、新しく領土になったこの地では様々な分野の調査が実施されている。植物についても調べねばならない。そのメンバーに牧野が選抜されたのも、能力を高く評価されてのことだろう。

大学に命じられた調査なので、この時は100円の出張旅費を支給される。しかし、百円の金を五十円にして使う男だけに、

「これでは、足らん」

そう言って嘆く。調査に必要な機材を購入し、採集した植物を運ぶのに現地で人を雇わねばならない。牧野は標本用の植物を大量に採りまくるだけに、雇う人数も多くなる。この時、夫の嘆きを側で聞いていた寿衛子が、

「私がなんとかします」

と、すぐに出張旅費と同額の100円を工面してきた。どうやって大金を工面したのかは分からないが、彼女には金をつくる才覚がある。その片鱗《へんりん》を垣間見《かいまみ》た。

内助の功で金の問題は解決したが、初の外国出張には他にも不安が色々とある。台湾では、日本の支配を拒む中国系移民の民兵組織が各地でゲリラ戦を起こしていた。治安状況の悪化にくわえて、コレラやチフスなどの伝染病も蔓延《まんえん》している。この年には中国大陸からペストが流入して感染者が発生した。また、植物採集をおこなう森林や山岳地帯はマラリアを媒介する蚊の住処《すみか》だった。

高知で暮らしていた頃、コレラの流行に怯《おび》えて故郷・佐川に逃げ帰ったことがある。病気に関してはかなり神経質な牧野だが、そこに未知の植物があるとなれば話は違ってくる。死の恐怖よりも、熱帯の草花への好奇心のほうが勝っていた。

山中で植物採集をしている時に雷が落ちてきたことがある。他の者たちが腰を抜かして真っ青になっているのに、牧野だけは落雷に気がつかず黙々と採集をつづけていた。また、嵐に襲われ遭難寸前の状況で、新種の植物を見つけて嬉々《きき》となり同行者を呆《あき》れさせたこともあった。植物がからむと危機意識も消し飛ぶ。

台湾航路には『小倉丸』が運航していた。牧野はこの船で台湾北部の基隆《キールン》港に入る。東シナ海を南下する船上には、ねっとりとした湿気を含む生暖かい風が吹きつけてくる。日本本土とはまったく違う気候のなかに、どんな植物が生息しているのか。考えただけでもわくわくして、つい声が大きくなってしまう。船酔いに苦しむ同室の者たちは、牧野のテンションの高さに辟易《へきえき》しただろう。

基隆港で下船して中心都市の台北《タイペイ》へと向かった。台北には日本軍の駐屯地があり、街中でも完全武装した兵隊の姿をよく目にする。昨年暮れに台湾総督から大本営に台湾全島の完全鎮圧が報告されていたが、実際にはまだ散発的な戦闘が起きていた。

しかし、牧野はゲリラの心配よりも、はじめて見る外地の風景や文化に心を奪われている。この頃の台北は人口4万6000人。そのうち日本人は9%程度、完全に中国人の世界である。街は清朝時代に築かれた高い城壁に囲まれ、当時はまだ「台北城壁の内側は、煉瓦《れんが》や土壁を重ねた中国風の建物が軒をつらね、道行く人々は漢服の中国人だらけ。男性の多くがまだ弁髪だった。

「こりゃ、しょうえいなぁ」

はじめて文明開化の東京を見た時と同じ言葉を連呼して、好奇心にまかせ街を歩きまわる。そんな牧野の姿が目に浮かぶ。

この後、台北から南端の高雄《カオシュン》まで、約2ヶ月かけて台湾西海岸の植物調査を実施した。現在は台湾の名物のスイーツとして有名な「愛玉子（オーギョーチー）」の材料となる植物「カンテンイタビ」も、この時に牧野が見つけたものだ。クワ科イチジク属の植物のマンゴーに似た実の種子から愛玉子の原料は作られるのだが、その学名は「*Ficus pumila* L. var. awkeotsang（Makino）Corner」と、発見者である彼の名が刻まれている。この他にも「タイワンマダケ」など数々の台湾固有種を発見し、植物学者としての名声はさらに高まる。


台湾から帰った後は、各地の講演などに呼ばれる機会がさらに増えた。学者の話というものは得てして面白くない。簡単にすむような話でも、専門用語を持ち出して難解にしてしまう。分かる人だけ分かればいいと思っているのだろうか。しかし、牧野は違った。平易な言葉を使った解説は一般人にも分かりやすく、そこにユーモアを交えて笑いをとる。ウケを狙って下品な単語を口にしたり、調子に乗って話が脱線したりすることもよくあった。空気を読まない男だが、人を楽しませようというサービス精神は旺盛《おうせい》だった。

牧野の講演会や植物採集会はとても人気があったという。彼も地方の植物愛好家たちとの語らいを楽しみにしていた。自分が夢中になってきた植物の魅力を、多くの人々と共有したい。その思いを常に持ちつづけている。だから、依頼があればどこへでも行く。それはまた、自分の研究をつづけるためにも必要なことだった。講演に呼ばれると旅費や謝礼が支払われる。地方講演のついでに植物採集をすれば、旅費の倹約になるというわけだ。

雑誌や新聞からの執筆依頼も増えた。原稿料も薄給の助手には貴重な収入源。講演と同様に、牧野の文章は平易で分かりやすい。また、彼の文章には方言やカタカナの擬音がよく出てくるのだが、それが実に効果的なアクセントになっている。しかし、学者たちの間ではそれを批判する者は多い。松村もその1人だった。

「牧野の文章は品がない」

と、顔をしかめて言い放ったという。牧野を大学に迎え入れた頃とは違って、両者の関係はかなり悪くなっていた。

植物学教室のナンバー2だった頃は、異端者の存在も自分に被害が及ばぬ限りは気にならなかった。が、組織を束ねる立場になると、結束を乱す不協和音として看過できなくなる。松村はもともとが生真面目な性格なだけに、前任者の矢田部よりもその傾向が強い。また、いつのことかは不明だが、松村の夫人が自分の縁者を牧野に嫁がせようと画策したことがあったという。それを断ったあたりから、関係が悪くなったのだとか。

「そのため夫人は怒って、私の追い出しをそそのかしたのだと思う」

牧野は後にこう語っている。それも一因かもしれない。しかし、いちばんの原因はやはり彼の日頃からの言動にありそうだ。

牧野もしだいに松村を嫌悪するようになっていた。彼がさかんに雑誌で研究発表をしていることに対し、松村から自重を求められたのだが、それに関しても自叙伝の中では、

「松村氏の専門も矢張り分類学で、つまり同じような事を研究していたのである。それを私は誰れ憚《はばか》らずドシドシ雑誌に発表したので、どうも松村氏は面白くない、つま

り嫉妬《しっと》であろう」

と、冷たく切り捨てている。牧野は松村の間違いを雑誌や講演の場で指摘することもよくあったという。部下にそんなことを言われては、組織トップの面目丸潰《まるつぶ》れ。憎まれて当然だ。同じ植物分類学を研究する者として、言わずにはいられなかったのだろう。それは研究者としては正しい姿勢かもしれないが……つくづく組織の構成員には向かない性格ではある。もっとも、牧野は自分が組織に所属しているとは思っていなかっただろう。社会に生きる人として必要な何かが欠落している感は否めない。だけど、世に名を知らしめる者には往々にしてそういったところがある。

ふたりは最後まで和解できなかった。松村は牧野を大学から追いだそうと色々と画策した。定年で大学を去る間際にも、

「牧野もやめさせておいて、私はやめる」

という発言が新聞に載ったというから、その恨みはかなり根が深い。しかし、かつての居候とは違って、助手は大学が雇用する職員。教授の独断で首を切ることは難しい。また、植物学者として世間にも広く知られているだけに、在籍していることで大学側にもそれなりのメリットはある。

そのため歴代の総長は牧野に好意的だった。植物学科のなかにも味方は多く、松村が罷免を画策するたびに反対運動が盛りあがったという。直接にかかわることなく側から見ているだけなら、牧野は好感の持てる面白い人物なのかもしれない。また、経験豊富な彼の意見は同じ研究者にとっては重宝だった。結局、首を切られることなく大学に居座りつづけることができた。それどころか、明治45年（1912）1月には、東京帝国大学理科大学講師に任じられている。

大学教員組織は助手、講師、助教授、教授といった職階制度をとっている。ワンランクアップして、給料は大卒初任給とほぼ同額の月額30円に。明治時代末期の平均世帯収入は月20円前後だったというから、普通に暮らすぶんには余裕があるはず。だが、普通の金銭感覚を持ち合わせていない牧野には、これでもまだ厳しい。

研究費や書籍の購入などに費やす金は給料の上昇分以上に増えつづけている。金がないことを理由に研究に必要なものを買い控えるというのは、彼にとっては悪行なのだ。植物学者として生きつづけるためには、借金から逃れることはできない。

不遇の植物学者に救いの神が現れる

大正時代に入った頃には、牧野の借金額は3万円に達していた。年収の100年分を超えている。どう考えても返済は不可能。借りられるところからは借り尽くしているので、新たな借金をするのもしだいに難しくなっている。

身なりを気にする余裕もない。白髪混じりの髪はぼさぼさで伸ばし放題。着古した羽織や背広はあちこち擦り切れ変色し、薄汚れた感じになっている。安いゴム靴を愛用し、和装の時でもそれで通していた。

植物学者として実績は日本有数だが、学者らしくない言動が面白い。牧野は何かと記事にしやすい文化人だったようで、マスコミへの露出は多かった。それが最近は窮乏が極まり、ホームレスのような風体で街をウロついているというのだから、格好のネタになる。

借金で首の回らない牧野を心配した友人の学者が、その窮乏ぶりについて新聞記者に話をした。すると早速、その記者から取材を申し込まれる。牧野は包み隠すことな

東京帝国大学理科大学（国立国会図書館所蔵）

く自分の現状について話した。それが、大正5年（1916）に東京朝日新聞で大きく報じられる。

『不遇の植物学者、苦心の標本も売る羽目に』

という記事のタイトルはインパクトも充分。取材を受けた時に牧野は「珍しい標本が随分あるから、2万や3万の金はできるはずだ」と語っていた。戯言か本気か？それは分からない。しかし、これまで命よりも大切な標本を売るなんてことを、絶対に口にはしなかった。相当追い詰められていたことは間違いない。

記事にはかなりの反響があり、大阪朝日新聞にも転載された。それを読んだ篤志家たちが次々と救済を名乗りでてくるようにもなる。この2年前に第一次世界大戦が勃《ぼっ》発《ぱっ》し、日本中の工場が欧州向けの物資生産でフル稼働していた。後に「大正バブル」と呼ばれる好景気の時代が始まった頃。1980年代後半のバブル景気の時も世に有り余る金が学術や文化に投資されていたが、それとよく似た感じではある。

しかし、そんな浮かれた時代は短いものだ。大正7年（1918）に大戦が終わると、バブルはすぐに弾《はじ》けて消える。その後は倒産が相次ぎ、さらに関東大震災が追い打ちをかけた。日本経済は麻痺《まひ》して銀行が保有する大量の手形が決済不能に。不況の時代に突入することになる。そうなってから同じ記事が掲載されたとしても、はたして救済の手を挙げる篤志家はいただろうか？　同じ苦境に陥るにしても、不幸中の幸い。牧野には運があった。

神戸の資産家・池永孟《いけながはじめ》も新聞記事を読んで牧野の状況を知り、大阪朝日新聞社会部を訪ねて援助を申し出た。池永家は江戸時代から代々つづく瓦屋《かわら》で、維新後に神戸市西部一帯の土地を買い占め土地家屋貸付業に進出して巨万の富を蓄えている。彼は当時まだ京都帝国大学に学ぶ若者だが、すでに家督を相続して財産を自由に使うことができた。南蛮美術の収集家としても名を知られている。

牧野が標本類を海外へ売ることを口にしたことから、世間では「貴重な国家的資料を流出させては日本の恥」と心配する声が高まっていた。そこで池永は20～30万点にもなる標本の大半を3万円で買取り、これを国内で保管するための施設をつくる構想を提示してきた。3万円あれば借金はすべて清算できる。くわえて、池永は毎月の生活費も援助してくれるというから、じつにありがたい話。牧野もこれを快諾した。

『牧野氏の味方現る　不遇の世界的植物学者を金持ちの法科学生が救う』

橋渡しをした大阪朝日新聞もこれを報じている。

神戸駅から西へ1・8キロメートルほど行ったところ、標高80〜90メートルの会下《えげ》山《やま》と呼ばれる丘の上に池永家が所有する正元館《しょうげんかん》という建物があった。兵庫尋常小学校が解体された時に、歴史遺産の消滅を惜しんだ池永の父親が私費を投じ、小学校講堂をここに移築保存したものである。そこが牧野の標本の保管施設として使われることになった。

正元館は維新期によく見られた和洋折衷の木造瓦葺《かわらぶき》西洋風2階建て。もともとが講堂として建てられたものだけに、館内は広く膨大な標本を収容しても余裕がある。大正7年（1918）には「池永植物研究所」と改称され、正式に牧野の研究施設として提供された。当初は牧野植物研究所の名称となる予定だったが、それは本人が頑《かたく》なに拒否したという。標本類を整理した後、植物標本陳列館として一般公開する予定だった。

牧野は標本整理のため神戸を訪れるようになる。しかし、関西に来ると頻繁に講演や植物採集に出かけてしまい、肝心の標本整理が一向に進まない。神戸までの交通費や滞在費はすべて池永が支払っていたが、それをいいことに芸者を呼んで派手に遊ぶこともあったという。金銭感覚が常人とは違うだけに、牧野には常識の範疇の必要経費だったのかもしれない。しかし、池永の限界はとっくに超えている。

「学者ほど泥棒をするものはなし」

当時の池永の日記にこのような文章が綴《つづ》られている。他人の感情を察することのない牧野だけに、関係がこじれだすともはや止めようがない。

池永との関係が悪化するにしたがって、神戸に足が向かなくなる。標本整理の作業は完全に止まり、正元館に保管したまま放置された。やがて池永が志願兵として入営すると標本陳列館の事業は白紙に戻され、池永植物研究所も昭和《しょうわ》16年（1941）に閉鎖となる。標本類は再び牧野のもとに送り返されている。

現在の研究所跡地の周辺は会下山公園となり、園内には「牧野富太郎植物研究所跡」と刻まれた碑が残る。

妻が「ラブホテル」を経営して研究をサポート

池永の援助によって莫大《ばくだい》な借金は清算された。関係が良好だった頃は、生活費の面倒も見てくれていた。しかし、牧野は金があるだけ使ってしまう。書画にも関心が高く、気に入ったものを見つけると収集癖が疼《うず》く。

さすがに、3万円を超える借金を背負っていた頃は、無駄遣いは控えていたようだが……それが清算されて懐に少し余裕ができると、封印は解ける。出かけるたびにあれこれと買い込むようになった。たとえば、国立国会図書館にあるシーボルト肖像画も、もともと牧野が所蔵していたものだった。本郷の書店で見つけて購入したという。これで封印が解けたらどんなことになるか？　考えただけでも恐ろしい。

寿衛子も不安になってくる。この夫の性分では、いつまで経っても家に金が残ることはない。池永の援助があるうちはまだいい。しかし、他人の好意はあてにならない。突然に援助を打ち切られても文句は言えないのだから。

再び借金地獄に陥る前になんとかせねば。その思いが強くなっていた。これまでも牧野の給料は研究最優先に費やされ、生活費にまわす金は残らなかった。米屋や八百屋などの支払いにまわす金がなく、店にツケが溜《た》まって日々の食材を入手できないことがつづいた。腹を空《す》かせた子どもたちを見るのが辛《つら》い。あんな苦労は二度としたくない。そのためには夫の給料には頼らず、せめて生活費くらいは自分で稼ごうと思うようになる。

彼女は少女時代から菓子屋の店番に立ってきた。商売は嫌いではない。子どもたちも手を離れてきたことだし、何か仕事を始めるにもちょうど良い頃合いだった。何をやろうかと色々と考える。そして、思いついたアイデアがとんでもなかった。なんと、待合《まちあい》を経営しようというのだから。

「待合」は宴席などに部屋を提供する貸座敷業だが、休息や宿泊に利用することも可能だった。そのため男女の密会で使われることが多い。現代でいうラブホテルのようなもので、一定の指定地域以外では営業が認められない風俗産業だ。

普通の主婦が思いつくような仕事ではない。寿衛子の母親は元・芸者だった。父の死後は、母方の親族がいる京都の花街でしばらく暮らしたこともあったという。まったく知らない世界ではなさそうだが……夫は東京帝国大学の講師という肩書きをもつ有名な植物学者である。世間体を気にせねばならない。その妻が風俗産業で金を稼ぐというのはマズい。

しかし、牧野は妻の決断に異を唱えることはなかった。むしろ彼女の発想を面白がっていたようなフシがある。彼は常識に疎い。常識というものに価値を感じることなく、無視して奔放に生きてきた。牧野と一緒に暮らし、その生き様を見ているうちに寿衛子も感化されたのか。似た者夫婦なのだろう。

夫の了解を得るとすぐに、寿衛子は商売に向いた物件を探して動きだす。待合は芸者やカフェーの女給が客と逢引《あいび》きするのによく利用される。そのため歓楽街の周辺に多く存在した。戦前は新橋、赤坂《あかさか》、神楽坂《かぐらざか》、浅草《あさくさ》にくわえて隅田《すみだ》川沿いの向島《むこうじま》、日本《に ほん》橋《ばし》人形町《にんぎょうちょう》の芳町《よしちょう》が「東京六花街」と呼ばれ、芸者置屋や料亭などが軒をつらねる歓楽街としてにぎわっていた。待合を経営するには最適の立地条件なのだが、そのぶん物件の賃料も高くなる。予算的に難しい。

そこで目をつけた場所が渋谷《しぶや》だった。この頃の渋谷の東側には陸軍の青山《あおやま》練兵場があって、東京市街地中心部と完全に隔絶されている。住所も東京市ではなく南豊島《みなみとしま》郡渋谷村。明治40年（１９０７）には、渋谷を起点に多摩《たま》川方面へと延びる玉川《たまがわ》電気鉄道が開通し、郊外へのターミナル駅となった渋谷駅の人流は増加傾向にあるが、それでも遠く離れた郊外といった感は否めない。

駅前から少し離れると、幾筋もの小川が流れる未開発の湿地帯ばかり。人家は少なく河畔には野原や畑が広がっている。この情景を唄《うた》った唱歌『春の小川』にあるような、のどかな眺めだった。

しかし、そんな郊外の地にも男たちの遊び場が存在する。それは現在の円山町《まるやまちょう》や神《しん》泉《せん》のあたり。当時は「荒木山《あらきやま》」と呼ばれていた地域には、大山《おおやま》街道の宿場町を発祥とする昔からの花街がある。

維新後にはこの花街の付近に湧きでた鉱泉を利用して、神泉館という鉱泉宿兼料亭が開業された。効能に優れているという評判が立ち、山手線が開通すると東京市街地からの客が増える。また、青山練兵場から、訓練を終えた軍人たちがぞろぞろとやって来るようにもなった。花街で働く芸妓《げいぎ》の数もしだいに増えて、大正期には400人を超えていたという。待合の需要は充分にありそうだ。しかも新橋や神楽坂と比べて「田舎」「郊外」といったイメージが強いだけに借家の賃料は格段に安い。

寿衛子は荒木山の一角に、借家を借りて待合の仕事を始めることにした。この時に彼女の手元にあった軍資金はわずか3円だったというから驚く。これで商売を始めてしまうのだから、かなり度胸がいい。日雇い労働者の日当3〜4日分、ビール10本買うのがやっとの金額である。郊外でも一戸建てを借りるとなれば家賃は5円以上になる。確実に黒字を出さないことには、翌月の家賃も払えないという背水の陣だった。

待合の名称は「いまむら」と名付けられた。これは寿衛子の実家の別姓だという。素人の商売を危ぶむ声も多かったが、滑りだしから予想外に商売は好調。しばらくすると貯金をする余裕もでてきた。やはり、商売の才能があったのだろう。

彼女は昔から人あしらいが上手だった。借金を返さない牧野に業を煮やした高利貸しが、よく家に押しかけてきたのだが、その時には牧野は家の奥に隠れて寿衛子が応対する。彼女と話をするうちに、怒っていた高利貸しの顔がしだいに和らいでくる。そのうち言いくるめられて大人しく帰ってしまう。人たらしの才とでもいうのだろうか、人を相手にする商売には必須《ひっす》の資質だ。

「そして妻は素人ながらも待合業を経営するぐらいな天才的手腕を持合せていた」

自叙伝には、牧野が妻の商才に脱帽した記述がみつかる。


植物学科は明治30年（1897）に、大学構内から小石川の植物園内に移転していた。規模はさらに大きくなり、2棟の校舎のなかに実験室があった。牧野はこの実験室を頻繁に利用していた。深夜まで籠《こ》もりつづけることも珍しくない。

しかし、小石川から渋谷は遠く、毎日通うのは大変。そのため近くに家を借りて住み、週末には渋谷で待合を経営する寿衛子のところで過ごすようになる。単身赴任は毎日の通勤に使う時間と労力がもったいないという合理的判断だろう。また、さすがの牧野も世間の風評を多少は意識したのかもしれない。歓楽街のラブホテルから大学

神泉（東京都渋谷区）

に毎日通うのはさすがにマズい、と。

しかし、隠し通すことは難しい。郊外の場末とはいえ、歓楽街には東京の各地から色々な人々が集まってくる。そこで流れる噂はすぐ広範囲に流布してしまうものだ。

「牧野の細君が渋谷で待合を経営しているようだ」

そんな噂が、大学や学界でも広まるようになる。すると、日頃からその存在を目障りに思っている者たちが騒ぎだした。

「大学の先生のくせに、怪しい商売をしている」

あちこちで悪口が囁《ささや》かれる。牧野の耳にもそれが届く。なかには面と向かって説教してくる者もいたという。それに憤慨した。

「しかし私たちには全く疚《やま》しい気持はなかった。金に困ったことのない人たちは直ぐにもそんなことをいって他人の行動にケチをつけたがるが、私たちは何としてでも金を得て行かなければ生活がやってゆけなく全く生命の問題であったのです」

自叙伝に当時の気持ちが綴《つづ》られている。植物研究のために必要とあれば、躊躇《ちゅうちょ》せずに金を使ってきた。大学から予算が下りなければ、借金を厭《いと》わず自腹を切ってきた。

「吝財者は植学者たるを得ず」

小石川植物園（東京都文京区）

植物学者でありつづけようと思えば、金に困るのは当然。借金して当然なのだ。研究に必要な金を得るためには、あらゆる手段を使って金を稼ぐ。それもまた当然のことだと考える。そんな覚悟のある者は、学界でも自分だけだと自負していた。

待合商売にケチをつけてくる連中には、

「おんしたちに、そこまでの覚悟はあるのか？」

逆に問い質《ただ》してみたかった。

第6章　世の中のあらん限りやスエコザサ

関東大震災

大正12年（1923）9月1日午前11時58分、東京をマグニチュード7・9の激震が襲った。昼食の準備をしていた人々は驚き、七輪の火を消さず家の外に逃げる。そのため各地で火災が発生した。下町に密集する家々は、瓦《かわら》のない杉皮葺《すぎかわぶ》きの木造家屋が多く火には弱い。火災が広範囲に燃え広がり44万棟以上の家屋が全焼、死者は約14万人を数えた。

この時、牧野は渋谷で妻や子どもたちと一緒に過ごしていた。地震発生時はパンツ一枚の半裸姿で標本作りに熱中していたという。植物と向かい合っている時は凄《すさ》まじい集中力を発揮して、雷が落ちても動かないといわれたものだが、この時は違った。半裸のまますぐに家を飛び出した。命よりも大切と言っていた標本も、最愛の妻も子も、すべて家のなかに置き去りに逃げている。家屋が倒壊して下敷きになることを恐れて、庭の木につかまりながら揺れが収まるのを待った。

関東大震災で被災した銀座付近（共同通信社提供）

妻子のことは、もちろん愛している。しかし、大業を成し遂げるまでは、我が身が一番大事。自分と家族のどちらを優先して守るべきか？　普通は悩む。危機に遭遇すれば選択に躊躇《ちゅうちょ》するものだ。が、牧野は違った。彼のなかでは常に明確な優先順位があり、それが揺らぐことはない。

「世の中に雑草という草はない」

その言葉通りに、日本の植物の素性をあきらかにして、すべてに名前をつけるまで死ねない。心に秘めた強い意識が、瞬時の行動に現れる。

『新修渋谷区史』によると、渋谷町（現在の渋谷区中心部）の被害は全壊家屋31戸、半壊139戸、死者13人、負傷者56人となっている。火災がほとんど発生しなかったこともあり、東部の下町地域に比べて被害は軽微だった。

当時、14歳の少年だった作家・大岡昇平《おおおかしょうへい》は、牧野がいた荒木山と目と鼻の先にある松濤《しょうとう》の高台に住んでいたのだが、

「しかし九月一日の上下動は、それまでのものとは全然規模が違っていた。上下に揺れるだけではなく、その軸が左右に揺れる。要するにめちゃくちゃ揺れるのである」

彼は震災の記憶を著書『少年』のなかでこのように綴《つづ》っている。前年から大震災の

予兆を感じさせる比較的大きな縦揺れの地震があったという。しかし、この時の揺れは体験したことのない激しいものだった。驚きのあまり詳細を記憶にとどめておくことができず「めちゃくちゃ」と表現するしかない。

揺れが収まってからも、人々はショックで放心状態だった。が、ここでも牧野は普通ではなかった。危機が去ればすぐに好奇心が頭をもたげてくる。切り替えがじつに早い。

渋谷の家は瓦が少し落ちた程度だったが、余震はまだつづいている。家屋の倒壊を恐れた妻や子どもは庭に避難して、夜もそこにムシロを敷いて寝たという。牧野は妻子と入れ替わりに家のなかに戻り、余震に揺れる柱や梁《はり》を眺めていた。身の安全を確保して少し冷静になると、地震にすごく興味が湧いてくる。地震が起きた瞬間は我が身を守ることに必死で、最も激しく揺れた時の状況を記憶していなかった。それが口惜しい。

「それ故、もう一度アンナ地震に逢《あ》ってその揺れ加減を体験して見たいと思っているが、これは事によるとわが一生のうちにまた出逢わないとも限らないから、そう失望したもんでもあるまい」

自叙伝にも負け惜しみのようなことが書かれている。牧野は子どもの頃から、火山爆発などの自然現象にも並々ならぬ関心を持っていた。植物に対するのと同様、不思議なことや疑問を感じたものは、徹底的に調べてみたくなる。

地震から数日して被災地が少し落ち着くと、街を歩きまわり様子を見てまわった。震災後の東京がどう変わるか、それにも興味がある。生まれ変わる街からは、これまで慣れ親しんだ懐かしいものが多く消えてゆくだろう。牧野は豊かな想像力で未来予測していたようだが「それも世の摂理だ」と、消え去るものに未練はなかった。

その考えは、愛する植物たちに対しても同様。それから数年が過ぎると、東京は復興して工場の煙突や自動車の数は震災前よりもずっと多くなっていた。煙突からの煤《ばい》煙《えん》で空はよどみ、大気汚染の影響で荒川《あらかわ》土手では枯れたサクラの木が目立つ。江戸時代からつづく花見の名所の危惧《きぐ》する声が聞かれるようになる。

サクラは牧野がとくに思い入れている植物のひとつ。サクラにまつわる著述は多く、各地の植樹活動にも熱心だった。荒川土手に幾度も通って荒廃の状況を確認している。木の保護について意見を求められることもあった。しかし、

「桜の名所は何も荒川堤でなくともよい」

と、なんとも冷たい。荒川土手にこだわらずに、生き残った木々を他の環境が良い場所に移し、そこをサクラの名所にしたほうが得策だという。今後も東京の発展は止まらず、サクラが生きる環境はさらに悪化する。そんな場所で延命の努力をしても無意味。環境が変われば、そこに生きる植物も変わる。自然の摂理に逆らうべきではないということだ。

牧野は植物の研究者だ。政治家や環境活動家のように、公害を問題視して環境の改善を訴えることはしない。サクラが滅びるのならば、その滅びてゆく様を細かく観察して記録を後世に残す。それが自分の役目と考えているのだろう。

雑木林に守られた安住の地

牧野が震災後の東京を観察していた頃、寿衛子は牧野家の今後について思案をめぐらせていた。

大学や世間から夫が批判されることを気にしたのだろうか、「いまむら」の経営を使用人に委《ゆだ》ねて彼女は店に顔を出さなくなっている。そのせいか以前のように商売は繁盛しておらず、客質も悪くなり貸倒れが増えていた。商才のある彼女は、待合経営はそろそろ潮時と考えていたようである。今のうちに商売を畳んで清算すれば、まとまった金が残る。それを資金に家を購入しようと東京近郊の土地を物色していた。

これまで30回以上の引っ越しを繰り返してきた。牧野が溜《た》め込んだ大量の書物や標本類を収容するために、引っ越すたびに家賃は高くなる。いつまでそれを払いつづけることができるだろうか？　不安になってくる。家賃を滞納して借家を追い出されたこともあった。自分たちの家があれば、あんな辛《つら》い思いをせずにすむ。

維新以来、東京の人口は増えつづけている。慢性的な借家不足がいつになっても解消されない。震災で多くの家屋が倒壊・焼失したことで状況はさらに悪くなっている。この5年余りの間に家賃相場は2倍に上昇した。賃料が高騰するほどに不安は大きく膨らんでゆく。

牧野と暮らしている限り、金の苦労と縁が切れることはないだろう。しかし、せめて住む場所の心配をせずに暮らしたい。マイホームは彼女のささやかな夢だった。

震災を経験した人々には、火に追われる恐怖がつきまとう。収入が安定したサラリーマンの間では、住宅密集地の都心を離れて郊外に家を買う者が増えていた。私鉄沿線の各駅前では宅地開発がさかんにおこなわれ、都心の借家と比べて格段に広い宅地が手頃な価格で販売されるようになっている。

東京通勤圏で3000〜5000円もあれば、駅付近に70坪の土地を買って家を建てることができたという。当時のサラリーマン年収の5年分くらいになるだろうか。移住ブームで東京郊外の地価は上昇傾向だったが、それでも現代とは比較にならないほどに安い。この頃の東京市内では、小さな借家でも年間300円以上の家賃がかかる。10年でもとが取れる計算だ。

また、郊外住宅の敷地は東京市内の借家の2倍以上。子ども部屋や庭をつくる余裕も充分にある。洋室の客間をもつ和洋折衷の設計がはやり、婦人雑誌では「モダンな生活」として特集が組まれたりする。文化的な郊外の生活に憧《あこが》れる女性たちが増えていた。そんな時代の空気に、感化されたところもあったのだろうか。

彼女は色々と思案したあげく、北豊島郡大泉《おおいずみ》村（現在は練馬《ねりま》区）に家を建てることにした。震災の翌年には武蔵《むさし》野鉄道の東大泉駅（現在の西武池袋《せいぶいけぶくろ》線・大泉学園駅）が開業し、池袋から1時間に1本の間隔で電車が通うようになっている。

箱根土地会社が駅前の宅地開発に着手していた。駅周辺の道路は碁盤目状に整備され、将来的には大学などの高等教育機関を誘致する計画もあるという。が、牧野たちが引っ越してきた当初は、故郷・佐川のほうがよっぽど都会に見える〝辺境〟だった。開発がおこなわれた駅北口には真新しい郊外住宅が建ちならぶようになっているが、牧野の家がある南口は数軒の農家が点在するだけ。田畑に囲まれた駅前通りは田圃《たんぼ》の畦道《あぜみち》といった感じで、道の先には雑木林が広がっている。寿衛子はその雑木林の中に、622・24坪を借地して家を建てることにした。

大正15年（1926）5月、牧野が64歳の時に家は完成した。木々に埋もれた小径《こみち》を抜けると庭がある。庭というよりも雑草が繁るだけの原っぱのような……しかし、見る人が見れば、それが貴重な草木であることが分かる。牧野は日本各地で収集した植物を庭に植えて、小さいながらも学術的価値の高い植物園になっていた。

庭の奥に2階建ての家屋。玄関を入ると書生部屋、その隣には来客を接待する洋間、他にも茶の間を含めて3つの部屋と台所などがある。玄関脇の階段を上った2階の8畳と4畳半が牧野の書斎や標本と書籍の保管場所になった。

牧野は人生で最も長い時間をこの場所で過ごすことになる。これからは月々の家賃の支払いを心配することなく、安心して研究に没頭できる。

牧野の自宅跡につくられた牧野記念庭園（東京都練馬区）

また、ありがたいのはこの環境。周囲には家がなく、まるで山中の一軒家で過ごしているような静寂に包まれていた。


震災を経験して火の怖さを知った。自分の命だけではなく、蓄えた財産も一瞬にして燃え尽きてしまう。震災だけではない。人家が密集する都会では、もらい火の危険もある。当時は現代よりもずっと火災が多く、それだけに切実な問題だ。命懸けで集めた標本はかけがえのない財産。しかし、現金や株券とは違って銀行の金庫に預けることはできない。それだけに、家を建てるなら火災の心配のない場所でなければ……。

寿衛子もその点を一番考慮して土地を探した。ここなら周辺に人家がなく、もらい火の危険はない。それでいながら、鉄道駅まで徒歩圏内で大学に通うのも容易な交通至便の地。条件は最良だ。今後は住宅地としての発展が予想されるが、地価の安い今のうちに700坪近い土地を確保しておけば、家を囲む雑木林が防火林の役目を果たしてくれるだろう。将来の安全も確約されている。

夫が安心して暮らせない場所では、自分の心も穏やかではいられない。夫婦にとっての安住の地。それを得ることができたのは、寿衛子の商才と夫を思う細やかな配慮があったから。この家は妻が牧野のために残した最も価値ある贈り物だった。

妻への愛が固い信念を曲げさせる

牧野は家を建てた翌年に学位を取得している。彼ほど名の知れた学者が、これまで学位を取得していなかったことを不思議に思う者は多かった。本人が望めばいつでも博士になれたはず。だが、これまではそれを頑《かたく》なに拒んでいた。

学界では学歴や学位が何かと幅を利かせている。小学校中退の牧野がそれで苦い思いをさせられることもあっただろう。世間では最も名を知られた植物学者なのに、教授や助教授にはなれず。月給は63円になっていたが、あいかわらず大卒サラリーマンの初任給程度の額ということに変わりはない。還暦をとうに過ぎているというのに、だ。

夏目《なつめ》漱石《そうせき》が明治時代末期に東京帝国大学の講師に就任した時は、月給67円程度を支給されていた。当時の牧野の月給が当時30円。講師の給料は受け持った授業のコマ数で増減するから一概にはいえないのだが、それでも2倍以上の差は大きい。漱石は帝国大学英文科を卒業し、イギリスへの官費留学も経験していた。給与格差は両者の学歴も影響していたのだろう。

「私は従来学者に称号などは全く必要がない、学者には学問だけが必要なのであって、裸一貫で、名も一般に通じ、仕事も認められれば立派な学者である、学位の有無などでは問題ではない、と思っている」

自叙伝で語られる牧野の信念だが、行間に学歴で差別されてきた悔しさが滲《にじ》んでいるような……。帝国大学卒業の学士も、博士号を持つ教授たちも、実績では誰も牧野には敵《かな》わない。日本中を歩きまわり、登山家でも尻込《しりご》みするような険しい山々に登り、様々な植物が生きる様をこの目で見てきた。自分よりも日本の植物のことを知っている人間はいないという自負がある。世間もそれを認めている。

理学博士の肩書きよりも、牧野富太郎の名のほうがいっそうの価値がある。いまさら学位の権威にすがる必要はない。学位論文を提出して「博士にしてください」などというのは沽券《こけん》にかかわる。と、少し意地になっていたのだろうか。

博士となることで得られるメリットは大きいものだ。本人のためを思って友人たちはしきりに学位論文の提出を勧めてくる。確執のあった松村は5年前に退官しており、邪魔をしそうな者はもういない。論文さえ提出すればすぐに学位は取れるだろう。い

まが好機と説得工作がさかんになっていた。しかし、いくら利を説いても牧野には通じない。そこで戦法を変えて、

「君が学位を取得しないと後につづく者たちが迷惑する」

痛いところをついてきた。学位の取得には暗黙の序列がある。牧野がいつまでもゴネていると、後につづく者たちが遠慮して学位論文が提出できない。それで皆が困っているというのだ。これが効いたのか？　意固地だった牧野も折れて論文提出に同意する。

牧野が提出した学位論文は、教授会にすんなり認められ理学博士の学位が与えられた。すると月給も12円昇給して75円になる。さっそく学位の効果が現れた。本人はこれに納得がいかないようで、

「鼻糞《はなくそ》と同じ太さの十二円、これが偉勲のしるしなりけり」

などと、下品な歌をつくって茶化す。これまで頑なに学位取得を拒否してきただけに、照れ臭かったか、あるいは、権威に屈したと思われるのが嫌で斜に構えたりもしたのだろうか。

ここのところは大学内の居心地も良くなっていた。以前は必要のない限り研究室に

顔をださなかった。犬猿の仲になっていた松村と顔をあわすのが嫌だったのだろう。それもいまは気にせずにすむ。

また、数年前から必修科目の授業を受け持つようになり、学生たちとの交流がさかんになっている。牧野家を訪れる者も増えた。大泉に転居してからも、1時間に1本の電車に揺られてよく学生や研究者が遊びにやって来た。家の中ではいつもにぎやかな声が響いていたが、雑木林に囲まれた一軒家。どんなに大騒ぎしても他家の迷惑になることはない。

牧野は酒をやらないかわりに、コーヒーをよく飲んだ。借金で苦しんでいる時も、コーヒー豆だけは切らさなかった。いつも銀座のコーヒー店からモカとブラジルのブレンドを購入する。濃い味を好み、すでに焙煎《ばいせん》されているコーヒー豆を台所で煎《い》り直す凝り性。学生たちが来ると、このコーヒーをふるまった。学生たちの間では「牧野コーヒー」と呼ばれて好評だったという。

また、老いてからも牛肉や鰻《うなぎ》など脂っこい食べ物を好んで食べた。牛肉は長生きの薬だと信じていた。来客があればすき焼きを作って一緒に鍋《なべ》を囲みながら、

「その肉はもういいぞ。さあ、食べろ食べろ」

と、陽気で騒がしい鍋奉行になったという。

客間から響いてくる大きな笑い声を聞きながら、寿衛子もこの家を買って良かったとしみじみ思う。彼女の生涯で、いちばん心が安らぎ幸福感に包まれていた頃。だが、その時はあまりに短い。

大泉の家に住むようになって間もなく、寿衛子は体調を崩して寝込むことが多くなった。心配した牧野が東京帝国大学医学部附属医院に入院させるが、症状は重くなる一方。その後も入退院を繰り返すようになる。子宮がんを患っていたといわれるが、当時の医学では病根を発見することはできなかった。

寿衛子が病に苦しんでいる間も牧野はその介護を娘たちに任せ、自分はこれまでと変わらず頻繁に植物採集や講演にでかけた。妻のことはいつも気にかけている。旅先の日記やメモにも、彼女の病状についての記述が多く見つかる。しかし、側にいても治療の役には立たない。心配顔をして家の中を無駄にウロウロする以外にやることがない。そんなことに時間を無駄遣いするよりも〝植物が第一〟の姿勢を貫き通す。自分にできることに全力を傾けるべきだ、と。

結婚以来ずっと家庭を顧みずに植物研究に没頭してきた。身勝手な夫を寿衛子は半ば呆《あき》れながらも、文句は一切言わずに見守る。40年間つづいた夫婦のスタイルは、妻が病に臥《ふ》しても変わらない。最後の瞬間までつづく。

昭和2年（1927）11月23日、牧野は北海道帝国大学で開催された「マキシモヴィッチ氏誕生百年記念会」に出席した。この会合には長年の宿敵だった松村も同席している。呉越同舟が面白いと思われたのか、地元紙の北海《ほっかい》タイムスが「東大の牧野氏、追い出しの陰謀　ズボラな性格が災い」といったタイトルの記事を掲載した。

牧野もその新聞を目にしていただろう。しかし、それよりもいまは寿衛子の容態が気にかかる。この頃の彼女は、起き上がることもできないほどに衰弱していた。妻を心配しながら、それでも北海道からすぐには帰宅しない。仙台《せんだい》に立ち寄り、植物採集をしているのだから……。やはり、この男は植物のことが第一。何があっても変わらない。

その信念の賜物《たまもの》だろうか、仙台では新種の笹を発見している。この成果を誰よりも喜んでくれるのは寿衛子のはずだ。だが、年末近くなって牧野が帰京した時には、いよいよ危うくなっていた。新種発見の話をしても、彼女の耳に届いていただろうか。年が明けてすぐに入院させるが、もはや回復の見込みはない。

昭和3年（1928）2月23日に寿衛子は息絶えてしまう。55歳というのは当時と

牧野記念庭園（東京都練馬区）

しても早過ぎる死。強烈な個性をもつ夫と連れ添い、その暴走に巻き込まれながら生きた人生。命を削られるような日々だったろう。

彼女の寿命を縮めた責任の多くは牧野にあったと思う。しかし、寿衛子はそれを後悔したのか、この結婚は失敗だったと思ったか？　それについては、本人に聞いてみないことには分からない。

「道楽息子を一人抱えているようなものですよ」

冗談か本音か、彼女がよく口にした言葉だ。牧野に対する思いは、母親の愛情に近いものだったような気がする。母親は子どもに代償を求めることなく、どんなに苦労をしても見捨てずに世話を焼きつづけるものだ。子どもが成長して立派になってゆく姿を眺めていくのが、至上の喜びであり生き甲斐《がい》になる。

寿衛子が亡くなって間もなく、牧野は仙台で発見した新種の笹に「スエコザサ」という和名をつけて発表した。

彼は植物の名をつけるにあたりカタカナ表記にこだわったが、もうひとつ、それ以上にこだわったことがある。命名に私情を持ち込まないということだ。それに関しては他者にも厳しい。シーボルトは日本のアジサイに「オタクサ」という名をつけて欧米に紹介している。牧野が長崎に行った時にその名の由来を調査して、シーボルトの愛人・楠本滝《くすもとたき》にちなんだものだったことが判明する。彼女は「お滝さん」と呼ばれていたのだが、外国人のシーボルトにはそれが「オタクサ」に聞こえた。この事実を知り激怒した牧野はシーボルトを非難している。日本の植物学の礎を築いた功労者にも、容赦しなかった。

植物の名は永遠に残り、世界中の研究者の目にふれる。そこに一個人の私情を入れて混乱を招くようなことをしてはならない。生涯肝に銘じてきたことだ。

牧野が名付け親となった1500種以上の新種植物のなかで、自分にまつわる人の名前を用いた例はスエコザサの他にはみつからない。妻への愛情が固い信念を曲げさせた。常に植物のことを最優先に考えて生きた男がその生涯で一度だけ、他のものを優先した出来事だった。

牧野はこのスエコザサを自宅の庭に植えて、よく眺めていたという。庭には他にも彼とは関係の深い植物が多くあったが、妻の名をつけたスエコザサは特別の存在だった。寿衛子の墓碑には、

家守りし妻の恵みやわが学び

世の中のあらん限りやスエコ笹

と、刻まれている。牧野が妻への長年の感謝と愛情を込めて詠んだものだ。

研究に明け暮れる日々は生涯つづく

寿衛子の死後、離婚して実家に戻っていた娘の鶴代《つるよ》が牧野の世話をして家を守るようになる。研究に没頭する日々は変わらない。健脚は衰えることなく、満70歳になった昭和7年（1932）には富士山へ登って高山植物を採集した。

この年は第一次上海事変が起きている。また、前年には満洲事変もあった。昭和恐慌の傷が癒《い》えず、不景気で人々の心はささくれ立っている。頻発する労働争議やテロの対応で政府は迷走し、軍部の力がしだいに強くなってきた。

世にキナ臭い空気が漂っている。自由民権運動に熱中していた若い頃ならば、演説会に参加して天下国家を熱く語ったりしただろう。しかし、もはや牧野は何も語らず、興味は植物だけに向けられる。

昭和11年（1936）の春には、久しぶりに佐川へ帰郷した。1ヶ月ほど前には

スエコザサ
Sasaella suekoana
MAKINO
牧野博士は昭和二
夫人の内助の功を
しのび その名を笹に
つけ永久に感謝の
心を残しました

スエコザサ

二・二六事件が起きている。首都で起きた内乱に人々は大きな衝撃をうけた。動揺はなかなか収まらず、日本中に不穏な空気が漂っていた。

そんな時に牧野は、故郷で花見を楽しんでいる。高知県でサクラといえば、昔は自生するヤマザクラしかなかった。牧野は故郷にもソメイヨシノの花を咲かせようと、明治時代末期に苗木を数十本仕入れて佐川や高知に送り植樹していた。四国の気候と自然環境のなかでソメイヨシノは立派に育っているだろうか、日本を揺るがす兵乱よりもそちらのほうが気にかかる。

常人離れした集中力で植物と対峙《たいじ》する。それゆえに、他の物事が目に入らなくなる。世間のことはもちろん、自分の周囲も見えていない。老境になってから、その傾向がますます強くなってきたようだ。周囲に気を配らず、自分に向けられた敵意にも鈍感だったことで、これまで何度も痛い目にあってきたのだが、まったく凝りていない。日本の植物の素性をすべて明らかにするという大目標の前では、自分の身に起こる不幸も些《さ》細《さい》なことだと思っているようだ。

牧野を疎んじていたのは松村だけではない。むしろ、堂々と敵意を剝《む》き出しに戦いを挑んできた彼は稀《まれ》な存在だろう。人の足を引っ張ろうとする輩《やから》の多くは、もっと姑《こ》息《そく》で陰湿だ。他人をそそのかして戦いの矢面に立たせ、自分は被害の及ばない場所から高みの見物を決めこむ。松村もそういった者たちに煽《あお》られ、矢面に立たされていたのかもしれない。

しばらくは鳴り止んでいた批判や悪口がまた、牧野の耳に届くようになっている。それについて友人たちが心配して忠告するが、すべて馬耳東風。何を言われようが気に留める様子はなかったが……しかし、とある日に自宅を訪ねてきた植物学科の人間の言葉にだけは、感情を表に出して激怒した。

「先生は以前から大学を辞めたいと言っておられたが、それなら早いほうがいい。それを大学でも待っているようだから、今日にでも辞表を出していただけませんか」

その人物はいきなり、このようなことを言ってきたという。敵意をもっての言葉か、牧野を思っての忠告か、誰かにそそのかされて調子に乗った若気の至りか。この文面だけでは、その判断はできないのだが。

講師の職は教授のように定年がない。1年ごとの契約で、大学側と話しあって契約更新するかどうかを決める。牧野のような有名な学者には、大学も遠慮や配慮があるのだろう。本人が契約更新を望めば拒まれることはまずない。その気なら寿命が尽きるまで、講師として居座りつづけることができたのかもしれない。

しかし、講師になることを望む助手や院生は大勢いる。それに対して大学側が雇用できる数はあまりに少なかった。高齢の講師が居座りつづけることを快く思わない助手もいただろう。牧野は自分への批判や悪口を耳にすると、開き直って「こんな安月給の講師なんて、いつ辞めてもいいんだ」などと、よく口にしていた。彼らからすれば聞き捨てならない発言だ。「だったら、早く辞めてくれよ」とは思う。

牧野も怒りが鎮まって冷静になると、これまでの自分の言動に配慮が足りなかったと反省したのかもしれない。若者の無礼な物言いにも一理ある。自分がいつまでも講師として居座っていると、後につづく者たちの道を塞《ふさ》ぐことになる。それは植物学の将来のためにもよくない。と、職を辞すことを決心した。

昭和14年（1939）5月31日、牧野は大学に辞表を提出した。だが、これで研究をやめるわけではない。

かつて大学の出入りを禁じられた時は、これで植物研究と縁が切れるのではないかと絶望を味わったものだが。しかし、あれから多くのことを学び数々の成果をあげて、いまは自他ともに認める日本一の植物学者になった。寿衛子が残してくれた家のなかには、長年かけて集めた標本や資料、研究機材が充分すぎるほどにそろっている。

大学の設備に頼らなくても、この家で不自由なく研究をつづけることができる。その確信があったから、躊躇《ちゅうちょ》することなく辞職することができたのだろう。また、講師を辞めれば毎週の講義に縛られることはない。長く東京を離れて採集旅行にでかけても、文句を言う者はいない。見たい場所はまだいっぱいある。自由な身になったからには、日本の隅々まで調べあげてやろうと、植物採集にいっそう熱が入る。

講師の職を辞してからは自由気ままに、気になる植物があれば現地へ行って観察した。どんなに危険な難所でも、植物があれば恐れることなく行ってしまう。だが、78歳の老人には少々無茶が過ぎる。昭和15年（1940）9月に福岡・大分県境にある犬ケ岳《いぬがたけ》に登って植物を採集していた時、崖《がけ》から滑落して背骨に重傷を負った。

年齢が年齢だけに、そのまま寝たきりの半身不随になる可能性もあった。しかし、そんな我が身のことより、この時はもっと気にかかることがある。

滑落事故を起こした同月に『牧野日本植物図鑑』が出版されている。植物研究の道に入ったときから、世間の人々にもっと植物への関心を持ってほしいという思いを持ちつづけていた。実物の写生や写真を使い具体的に示したものを分かりやすく分類して配列した図鑑は、その目的に最も適したツールだと牧野は確信している。自分の名を冠した今回の『牧野日本植物図鑑』は、その集大成という思いがある。

執筆には約10年の歳月を費やして、これまで日本津々浦々を歩きまわって写生した植物図を大量に載せている。学者が難解な文章で長々と解説するよりも、現地に出向いて写生した植物の真実の姿を見せたほうが、人々の興味や理解はより深まるはずだ。それは学歴の上に胡座《あぐら》をかいている者たちへの挑戦状の意味もある。研究室に籠《こ》もって学位取得の論文執筆にあけくれる時間があれば、野山を歩いて生きている草花を見て学べ、と。

生きている植物から何を見つけたか、それを目にしてどう感じたのか。その思いを人々に伝えて、植物への興味を共有してもらうこと。それが研究者の本分だと信じている。


「売れているのだろうか」

容態が安定した後は、年末まで別府《べっぷ》温泉で静養した。その間もずっと図鑑の売れ行きを気にしていた。

やがて、別府の療養先に嬉《うれ》しい報告がもたらされる。『牧野日本植物図鑑』は初版発行部数5000部がすぐに売り切れたという。その後も重版をつづけ、戦後になっても販売されるロングセラーになっている。

牧野の思いに世間が共鳴した結果だった。『牧野日本植物図鑑』の成功によって名声はさらに高まる。傷が癒えて別府の湯治場から帰京した時は、東京駅で大勢の支持者に出迎えられた。戦いに勝って凱旋《がいせん》したような気分だった。しかし、心地よい余韻を味わったのも束の間。翌年には台湾以来半世紀ぶりの海外に旅立っている。

昭和16年（1941）5月、牧野は神戸から満洲国へと向かった。満洲では日本から1ヶ月ほど遅れてサクラが開花する。冷涼で乾燥した大陸の奥に咲くサクラと、日本のサクラとの違いはどうか？　そんなことを考えながら、79歳の老人は少年のように目を輝かせる。大怪我をしてからはさすがに、険しい山岳地帯を歩くことは難しくなった。それでも心は、未知の植物との出会いを欲してやまない。

満洲から東京に戻ってきたのは6月中旬。約1ヶ月に及ぶ旅で採集した植物は5000点を超えて、8個の柳行李《やなぎごうり》が満杯になっている。いつもの調査旅行の時より採集した植物の数は格段に多い。初めて目にした大陸の草花に好奇心が疼《うず》いて、あれもこれもと標本を取りまくったようである。

東京に帰る列車の車窓からは、中国の戦地へ向かう出征軍人を万歳三唱する人の群れ、「遂げよ聖戦　興せよ東亜」「一億がみんな興亜へ散る覚悟」などと書かれたポスターや横断幕を幾度も目にした。この半年後には太平洋戦争が勃発《ぼっぱつ》する。すでに人々はそれを覚悟していたのか、日本中が決戦への興奮や緊迫に包まれていた。

牧野はそれどころではない。アメリカとの戦争よりも、これまで集めてきた標本をどうやって整理しようかとそちらに頭を悩ませていた。寿衛子は大量の標本や書物を収容できるように、充分に余裕のある大きな家屋を建てたのだが。夫の収集癖を少し甘く見ていた……。

この頃になると標本や資料が、2階のスペースに収まりきらなくなっていた。居間や廊下、縁側など、家中の至るところに標本を閉じた新聞紙の束が積まれている。また、神戸に植物標本陳列館をつくる計画は、牧野の多忙と怠慢で一向に進展せず中止となり、池永から30万点の標本を返却したいとの申し入れがあった。しかし、いま標本を返却されても収容する場所がない。

これを見かねた華道家・安達潮花《あだちちょうか》の寄贈により自宅敷地に30坪の離れが建てられる。池永が送り返してきた標本は、とりあえずそこに収容することになった。この離れの建物は牧野植物標品館と命名される。いずれは一般公開するつもりなのだが、いまは未整理の標本で埋め尽くされて足の踏み場もない。人が中に入れるような状況ではなかった。自宅内に溜《た》め込んだものをあわせると、未整理の標本は約40万点にもなる。もはや、ひとりでは手に負えない。話を聞きつけた仲間や学生たちが、整理を手伝うようになる。積みあげられた標本の山をはじめて目にした時は、誰もが驚き言葉を失った。よくこれだけの植物をひとりで採集したものだと、牧野の凄《すご》さを再認識させられる。

標本整理が完了するまで何年かかるだろうか。植物学を研究する者にとっては宝の山。だが、この山のどこに何があるのか、牧野以外は誰も分からない。これを整理して誰もが分かるようにしておかなければ、宝の持ち腐れになってしまう。

この標本を後世の研究に役立つようにするため、なんとしても、生きているうちに整理を終えなければならない。はたして、自分にはあとどれくらい寿命が残っているのだろうか？　そう考えると気は焦ってくる。標本の山を相手に格闘する日々がつづく。このときすでに牧野の戦争は始まっていた。

第7章　花を恋して94年

戦禍のなかの牧野

開戦から2年が過ぎると、戦死報告が急増するようになる。あらゆる物資が不足して国民の窮乏は極まっていた。ラジオでは連日のように大本営発の大勝利が伝えられるが、どうもおかしい。人々は日本軍の劣勢を悟りはじめるようになっていた。

牧野もまた苦戦している。標本を貼る台紙の入手も困難になった。この頃になると若者だけではなく、中高年の予備役も根こそぎ召集されている。手伝いの人が集まらず、ひとりで標本と格闘する日々がつづく。ますます気が焦る。自分の命が尽きるまでには、これを後進のために役立つようにしておかねばならないのだが……。そんな時に、さらなる試練が襲いかかってきた。

昭和19年（1944）11月24日、約70機のB29が東京に初飛来して空襲をおこなった。『東京大空襲・戦災誌』所収資料によれば、この時に東大泉駅周辺にも爆弾7発と焼夷弾《しょういだん》3発が投下されている。牧野家の付近でも爆弾の炸裂《さくれつ》音が轟《とどろ》いた。

東京大空襲の後の東京（共同通信社提供）

この後、終戦までに東京は100回以上も空襲されることになる。近隣には陸軍成《なり》増《ます》飛行場などの軍事施設があり、米軍の重要な攻撃目標のひとつになっていた。郊外でも安心はできない。大切な標本を火災から守るために、寿衛子が思案して選んだ土地だったが、彼女もこの事態は想定していなかった。

牧野の身を案じる者たちが、しきりに疎開を勧めるようになる。東京を離れたほうがいいのは分かっている。しかし、

「ワシは標本や本と一緒に心中する」

そう言って聞かない。大切な書物や標本を置いたまま、自分だけが逃げる気になれなかった。輸送力が著しく衰退した戦争末期のことである。汽車の切符を手に入れるのも困難を極めているだけに、大量の標本や書物を輸送するのは不可能だ。また、疎開先にもこれを収容するスペースはないだろう。

牧野が疎開を渋っているうちに、空襲はますます激しさを増す。昭和20年(1945)3月10日には、約300機のB29による市街地への無差別爆撃がおこなわれた。焼夷弾が下町を焼き尽くして、死者数10万人以上を数える関東大震災以来の大惨事に。危険がいよいよ身近に迫る。4月になると東京郊外も激しい空襲に晒《さら》されるようにな

った。ついに牧野家にも焼夷弾が落ちてきた。

記録を調べてみると、現在の練馬区に相当するエリアは4月13日に大規模な空襲があり、561戸が全焼して罹災者2814人が記録されている。おそらく震災直後と同様の凄惨《せいさん》な有様だったはずだ。

牧野家に落とされた焼夷弾は標品館の屋根を直撃したが、幸いなことに不発で被害は屋根を破損しただけ。標本の焼失は免れた。が、さすがの牧野も肝を冷やして心が動いたようである。知らせを聞いて駆けつけた友人や知人たちの熱心な説得もあり、ついに家を離れて疎開することになった。

牧野は愛にあふれた情熱家だが、その愛情を傾ける対象には確固たる優先順位がある。震災の時もそうだった。危機に際しては最も大切なものを守るために、他のすべてを捨て機敏に動く。割り切った考えができる合理主義者でもある。

標本はなによりも大事だが、整理が終わらぬ状況で自分が死んだら何の役にも立たない宝の持ち腐れ。天秤《てんびん》にかけたら、やっぱり自分の命のほうが重い。瀬戸際まで追い詰められてその考えに至ったようだ。

生きてやらねばならぬことがまだ山ほどある。牧野には1万メートルの高度から飛来するB29を撃墜することはできない。また、2000度にもなる焼夷弾の炎を消火するのも無理。ここにいても何もできず、死者をひとり増やすだけだ。無意味なことに命を晒す必要はない。

そこからの動きは早い。翌月には娘の鶴代と一緒に持てるだけの書物や標本を抱え汽車に乗り、疎開先の山梨県北巨摩《きたこま》郡穂坂《ほさか》村へ旅立っている。講師時代の教え子が親《しん》戚《せき》の農家に話をつけて住処《すみか》を確保してくれた。甲州《こうしゅう》は養蚕がさかんな地域で、この農家でも屋根裏を養蚕場として使っていた。そこを借りて住むことになる。

薄暗い屋根裏で研究や執筆に取り組んだ。リンゴ箱を代用した机は狭くデコボコで文字を書くにも苦労する。鶴代が疎開先と大泉の自宅を幾度も往復して資料や研究道具を運んだが、それでも色々と足りないものはあった。牧野はそれについて何も不平を言わない。むしろ、疎開生活の不自由を楽しんでいるようにも見える。

どんなに生活環境が変わっても、抜群の適応力を発揮してなじんでしまう。資産家の道楽息子から、急転直下、極貧の境遇となった時にも暗い顔はけっして見せなかった。苦しい生活のなかでも笑顔を絶やすことなく、よく冗談を口にしては家族を笑わせていた。

原稿の執筆が一段落すると、屋根裏から降りて縁側に座ってくつろぐ。そんな牧野の姿がよく見かけられたという。

縁側から眺める近隣の山には樹木が青々と繁っている。生活環境がどんなに変わろうとも、植物との縁が切れることはない。植物とかかわりながら生きていける。「植物の精」「植物の愛人」を自称する男には、それだけで心が幸福感に満たされる。不平や不満などあるはずもない。

「しかし、あれだけは心配だ」

庭先からは富士山が見えた。マリアナ諸島の基地を出撃したB29は、この山をめざして日本本土に飛んでくる。爆音を響かせて現れた編隊は、富士山上空をぐるりと周ってから攻撃目標の各都市へと向かう。それが東京方面に向いた時には、牧野の顔が曇り不安の色が浮かぶ。やはり、自宅に残してきた標本のことが気がかりだった。

8月2日には八王子《はちおうじ》が爆撃され、中央線の列車も敵機の機銃掃射で大きな被害を受けた。鉄路で結ばれた疎開先の村にもその惨状はすぐに伝わり、留守宅のことがさらに気になってくる。それだけに8月15日の玉音放送を聴いた時は、敗戦の悔しさよりも、標本の焼失を免れた安堵《あんど》感のほうが大きかった。

疎開先から自宅に戻ったのは、終戦から約2ヶ月が過ぎた10月末。東京の食料不足は戦時中よりもさらに悪化している。冬を迎えれば大量の餓死者や凍死者が発生するという予測があり、人々は生きるための食料を求めて奔走していた。また、すさまじいインフレが起こり、戦前の高額紙幣が紙屑《かみくず》同然になっている。

先々のことを考えれば不安がいっぱい。だが、標本や書物が燃やされる心配はもうない。庭の草花も無事だった。青々と葉を繁らせるスエコザサを眺めながら、平和な日常が戻ってきたことを確信する。

世間の80歳を過ぎた老人に比べると、野山を歩いて鍛えた牧野の足腰は驚くほどに頑健だった。好奇心も衰えてはいない。戦争が終わってからは、むしろ、世間への興味が再び強くなってきたようでもある。

鉄道の復旧整備が進んで交通事情が良くなると、都心部にもよく出かけるようになった。終戦から2年が過ぎて、街は落ち着きを取り戻している。芝居などの興行がさかんになり、繁華街には新しい映画館や遊技場が増えている。戦争で色あせた街が、再び華やいだ色に染まってきた。

戦時体制の抑圧から解放され、その反動からくる悪ノリ気味の戦後文化が花開く。牧野はそれも面白く感じている。興味が湧いたら誰もがそれを知りたいと思うものだが、彼の場合はその欲求が常人離れしている。とことん知り尽くしたいと、変貌《へんぼう》する世を眺めつづけた。植物の成長を観察するのと同じで実に興味深い。

牧野には呑気《のんき》で陽気な老人という印象が世間にはある。敗戦によってガラリと変貌した世相は、そんな「陽キャラ」を求めていた。また、自分が有名人だという自覚があるのかないのか……本人の脇も甘い。マスコミが喜びそうな話題をすぐに提供してしまう。

ストリップ嬢に囲まれている牧野を撮った写真が、週刊誌に掲載されたことがあった。日劇にストリップショーを観に行った時に撮影されたものだという。昭和22年（1947）に渋谷で日本初のストリップショーが開催された。当時は「額縁ショー」と呼ばれた。大きな額縁の中に入った女性が名画のヌードを真似《まね》たポーズを取るというもので、人気を呼び新宿や浅草でもこれを真似た興行がおこなわれるようになった。日劇の5階にあった日劇小劇場では、昭和24年頃からストリップショーを開催している。週刊誌にスクープされたのもこの時期だろう。

若い頃には町で最初にザンギリのヘアスタイルになり、自由民権運動が流行《はや》れば先頭に立って仲間たちを導いた。目新しいものはすぐに見たり試したりしたくなる。老いてもそれは変わらない。しかし、いつの時代でも新しいものに拒絶反応を起こす者は多い。彼らは自分が受け入れることができないものは「悪」と信じて疑わない。案の定、

「学界の品位にかかわる」

などと、学界からはストリップ見物を批判する声があがった。牧野はしばらく後に「私の健康法」と題した文章を発表してこれに反論している。長生きをするためには若い女性と接することも必要だという持論を語り、

「それのどこが悪い」

と、かつて寿衛子の待合経営を批判された時と同じように、これを堂々と受けて立つ。過去の慣習や常識に囚《とら》われ、自分で見たこともないものをさも知ったような顔で批判する。研究者としては絶対に許されないことだ。同じ研究者として、彼らの姿勢に怒りを覚えたのだろう。

奇跡の生還。仕事の完成をより意識するようになる

昭和24年（１９４９）６月23日、牧野は病魔に襲われる。これまで大きな病気とは無縁で食欲も旺盛《おうせい》だった。87歳の高齢にもかかわらず、いつも深夜２～３時まで書斎で執筆や標本の整理に没頭していたという。人が訪ねて来れば話が盛りあがって徹夜になることも多かったが、疲れた表情はけっして見せない。朝方になってもしゃべりつづけ、笑顔とユーモアを絶やさなかった。

そんな牧野が突然倒れて、危篤状態に陥ったのである。前夜は書斎で執筆に没頭し、床に入ったのが午前３時頃だった。いつも通り、変わったことはなかった。しかし、朝食の時間になっても起きてこない。家人が不思議に思い様子を見に行ってみれば、すでに意識を完全に失っていたという。急いで医師を呼んだが、その時には脈が動いておらず心臓の音も聞こえない。

「ご臨終です」

この状態では医師もそう言うしかない。急病と聞いて駆けつけてきた者たちも、仕方がないと諦《あきら》めて末期の水を取らせようとする。コップに水を入れて唇にあてがった。

その時、死んだはずの牧野の喉《のど》が動き、水をゴクリと飲み込んだという。奇跡的に蘇《そ》生《せい》した。

その後、医師があらためて診察して大腸カタルと診断された。重篤な症状になると高齢者には生命にかかわる。高知の地元新聞では「牧野博士重体」と報道されている。意識が戻った後も、しばらくは自重して夜更かしをひかえて療養に専念することになった。

この前年には宮内庁からの求めに応じ、昭和天皇に植物学を講義するため皇居に参内していた。植物に深い関心をもつ天皇は、皇居の庭園を一緒に歩きながら専門的な質問をしてくる。まるで学者同士が会話しているようだったという。その時に、

「あなたは国の宝です。体をいたわり、もっともっと長生きしてください」

別れ際に天皇からかけられた言葉が、病の床で思い起こせば心に沁《し》みる。

「生きなければ」

その思いがいっそう強くなっていた。

夏が過ぎた頃には体調もかなり回復して、本格的に活動を再開するようになった。

標本を整理する牧野富太郎（共同通信社提供）

しかし、以前に比べると体力の衰えは否めず、出歩くことがめっきり減る。そのぶんの時間は標本整理に費やされた。生死の境をさまよって、自分の寿命をさらに強く意識するようになっている。整理を終えていない標本のことが、いまは何よりも気にかかる。

2階の書斎は、かなり手狭になっている。収容の限界を超えた書物や標本が部屋を埋め尽くし、その重みで建物が悲鳴をあげていた。建付が悪くなり、あちこちの戸が閉まらなくなった。玄関が歪《ゆが》んでいるのもはっきり確認できる。

借家住まいだった頃には本の重みで床が抜けて大騒動になったことがある。そうなる前になんとかせねばならない。この頃は1日の大半を書斎で過ごしているだけに、思い切って住環境を大改善することにした。

昭和26年（1951）8月23日、旧宅の東隣に新居が完成する。高齢者には階段の上り下りが辛い。そのため母家《おもや》と書斎を平屋にしてならべ、2軒を渡り廊下で行き来できるようにした。母家の玄関を入ると廊下の右側に4畳半、その奥に風呂場《ふろば》と台所がある。また、廊下の左側には広い縁側に沿って6畳と8畳の部屋があり、縁側は別棟の書斎に通じる渡り廊下に直結している。

書斎の大半は書庫が占めていた。母家と同等の広いスペースが確保された書庫は、蔵書をすべて収容しても余裕がある。新居が完成した当初は、書斎の机の上もすっきり整頓《せいとん》されていたようなのだが、牧野の収集癖を甘く見てはならない。

書店に入るといつも何十冊もの本を購入する。執筆に必要な本を物色するうち、購入した書籍がトラック一台分にもなったこともあった。請求書を受け取った担当編集者が腰を抜かしたという。知人たちの間では、

「すぐに書庫が満杯になって、書斎に本や標本が散乱するようになるさ」

そんな話が囁《ささや》かれていた。外出することが少なくなり、自らの足で興味の対象を見て確認することができなくなったぶん、書物を読むことで好奇心を満足させている。そのため以前にも増して本を購入するようになった。実際、しばらくすると整理途中の標本が書斎の四方に山と積まれ、以前のように足の踏み場もない状態に戻っている。

しかし、他人から見ると散らかし放題に見えても、

「勝手に動かされたら、どこにあるか分からんようになるから」

と言って、自分以外の者が指を触れることを絶対に許さない。何がどこに置いてあるのか、牧野はそのすべてを把握していた。また、書庫の中に長年仕舞い込んだままになっている書籍や資料も、それが本棚のどこにあるか1冊残らず言い当てることが

できたという。驚異的な記憶力は衰えを見せない。

同年には文部省が「牧野富太郎博士植物標本保存委員会」を設立して、標本整理が急速にはかどるようになった。これで宝の持ち腐れになることもないだろう。その保存や管理についても今後は安心して委《ゆだ》ねることができる。

ひとつ肩の荷が下りた。だが、これで楽隠居……とはいかない。相変わらず、深夜2〜3時まで机にかじりついて執筆に熱中する日々がつづく。来客があれば書斎から出てきて、縁側に座り庭の木々を眺めながら語りあう。来客が暇《いとま》を告げる頃になっても、まだ話し足りない。言いたいことが山ほどありそうだった。

会った人は誰もが、その旺盛な生命力に圧倒された。しかし、人には寿命というものがある。どんなに元気な老人も、やがては衰えて命尽きる。牧野もその運命には逆らうことができない。

「百まで生きたいもんじゃと思いよりますがねぇ」

この頃には、それが口癖になっていたという。

「あれもしとかなきゃならない、これもしとかなきゃならないと、一刻の時間も惜しみました。側で見ていてほんとうに気の毒なくらいでした」

標本を整理する牧野富太郎と娘の鶴代（共同通信社提供）

自叙伝の第三部「父の素顔」のなかで、娘の鶴代が当時の牧野の様子を綴《つづ》っている。なにか非常に焦っていた様子だったという。本人だけは、終焉《しゅうえん》が近いことを悟っていたのではないだろうか。

物心ついた頃からずっと植物を見てきた。その虜《とりこ》となり、日本中のすべての植物のことを知ろうと研究に没頭した。自分と同じ道を歩む後輩たちに残すものは、標本だけではない。自分が知り得たもの、そのすべてを伝えておかねばならないと、気力をふり絞って書き、しゃべりつづけていたのだろう。

何百冊の本を書いても伝えきれない……

昭和29年（1954）1月、牧野は年末に引いた風邪をこじらせて肺炎になってしまう。当時はすでに抗生物質のペニシリンが普及していた。その投与で春頃には危機を脱することができたのだが、90歳を過ぎた肉体は衰弱したまま元には戻らない。机に座ることも辛くなっていた。

1日の大半を布団のなかで過ごすようになる。それでも布団に寝そべりながら、新たな原稿を書き、まもなく出版される本を校正して加筆をした。家族が心配してやめ

晩年の牧野富太郎（国立国会図書館）

させようとするが、人がいなくなるとまたこっそり執筆をはじめる。いくら書いても、書いても……伝えておきたいことが、無尽蔵に湧きでてくる。

書庫に収められた書物、集めた40万点の標本よりもさらに多くのものが、牧野の頭のなかには詰まっている。その知識や経験のすべてを後世に伝えておきたい。しかし、本にしようとすれば、いったい何百冊になるだろうか。とても伝えきれるものではない。分かっている。それでも命あるうちは最後の瞬間まで、自分が感動して虜になった植物の魅力を人々に語りつづけたい。

昭和31年（１９５６）には、高知県立牧野植物園の開設が決定する。植物園建設予定地の高知市南東近郊の五台山《ごだいさん》は、浦戸湾や高知平野を一望に見渡せる標高１４６メートルの景勝地。山中には様々な種類の植物が繁っている。牧野も帰郷した折にはよく訪れたお気に入りの場所だ。植物園開設の話を持ちかけられた時にも、

「植物園をつくるなら五台山がええ」

開口一番に言ったという。それが決め手になった。園内には牧野が高知県に持ち込んで植樹したソメイヨシノをはじめ、カワヅザクラやシダレザクラなど様々な種類のサクラが植えられる計画だという。

高知県立牧野植物園（高知県高知市）

植物園の開園は2年後の4月を予定している。ちょうどサクラが花咲く季節。美しい眺めが楽しめるはずだ。だが、牧野がそれを見ることは叶《かな》わない。

衰弱した体はもはや誰かの補助なしに歩くことができず、旅行どころか近所を散歩することも難しくなっている。

しかし、目をつむれば植物園の様子が手に取るように分かる。日本中の誰よりも植物を見てきた。長年の知識や経験は、五台山に植えられたサクラがどのように咲き、周辺の草木がどのように繋っているのか、鮮明な映像として脳裏に映しだすことができる。

「サクラはやっぱり、ええもんじゃのう」

瞼《まぶた》の裏に映る満開のサクラを眺めながら、布団のなかでそんなことをつぶやいただろうか。

この年の7月になると高熱を発して、また危篤状態に陥ってしまう。強心剤の投与と酸素吸入でなんとか生命を保たせていたが、危険な状態がつづく。秋頃には腎臓《じんぞう》結石や腎盂《じんう》炎を併発し、意識を保つことも難しくなる。

高知県立牧野植物園に建つ牧野富太郎の銅像（高知県高知市）

そして、年が明けた昭和32年（1957）1月18日、牧野はいつも枕元に置いていた標本や書物に囲まれて静かに息を引き取った。享年94。

亡くなる2週間ほど前に、病床の牧野を撮影した写真がある。これが生前最後の姿だろうか。

彼はこの世代の人には珍しく写真を撮られるのが大好きで、レンズを向けられるといつも笑顔全開でポーズを取っていた。体の中に充満する凄《すさ》まじいエネルギーが、表情にあふれていたものだが。この時はすでに意識が混濁していたのだろう、いつもの潑剌《はつらつ》とした笑顔はなく目は虚《うつろ》。だが、どこか安心して和らいだ表情にも見える。

やり残したことはあるが、最後の瞬間までそれをやりつづけて生きた。やれるだけのことはやった。と、どこか満足しているような。

「草を褥《しとね》に木の根を枕　花を恋して五十年」

牧野が作った有名な都々逸《どどいつ》、その通りの人生だった。

【参考文献】

『牧野富太郎自叙伝』牧野富太郎（講談社学術文庫）
『植物知識』牧野富太郎（講談社学術文庫）
『植物記』牧野富太郎（ちくま学芸文庫）
『草木とともに 牧野富太郎自伝』牧野富太郎（角川ソフィア文庫）
『我が思ひ出：遺稿』牧野富太郎（北隆館）
『花と恋して 牧野富太郎伝』上村登（高知新聞総合印刷）
『牧野富太郎と神戸』白岩卓巳（神戸新聞総合出版センター）
『牧野富太郎 私は草木の精である』渋谷章（平凡社）
『MAKINO―生誕160年 牧野富太郎を旅する―』高知新聞社編（北隆館）
『ボタニカ』浅井まかて（祥伝社）
『博覧会の時代 明治政府の博覧会政策』國雄行（岩田書院）
『牧野結網補伝』瀧川奏人（牧野富太郎研究所）
『佐川町史』佐川町史編纂委員会（佐川町）
『佐川史談 霧生関』佐川史談会 ※第25号、第37号
『歴史街道佐川』佐川町立青山文庫編（佐川町立青山文庫）

『高知市史』高知市史編纂委員会編（高知市）
『練馬区史』練馬区史編さん協議会（東京都練馬区）
『江戸から東京へ　明治の東京　古地図で見る黎明期の東京』（人文社）
『値段史年表　明治・大正・昭和』週刊朝日編集部編（朝日新聞社）
『高知県立牧野植物園研究報告　やまとぐさ』高知県立牧野植物園　※第4号
「東京大学植物標本室に関係した人々」大場秀章、秋山忍
http://umdb.um.u-tokyo.ac.jp/DKankoub/Publish_db/1996Koishikawa300/06/0600.html
「植物学教室が小石川植物園にあった」金井弘夫
http://umdb.um.u-tokyo.ac.jp/DPastExh/Publish_db/1996Koishikawa300/02/0200.html
「牧野富太郎先生が立ち上げた『植物研究雑誌』と植物同好会」
加藤僖重　牧野植物同好会・野外植物研究会
http://www.jjbotany.com/pdf/JJB_091_suppl_16_23.pdf

「練馬わがまち資料館」
https://www.nerima-archives.jp
「科学史入門：牧野富太郎」渋谷章
https://www.jstage.jst.go.jp/article/jhsj/44/233/44_43/_pdf
国立国会図書館所蔵写真帳から（東京・関西・東北）
https://www.ndl.go.jp/scenery_top/

本書は書き下ろしです。

牧野富太郎《まきのとみたろう》

～雑草《ざっそう》という草《くさ》はない～日本植物学《にほんしょくぶつがく》の父《ちち》

青山《あおやま》 誠《まこと》

令和５年　２月25日　初版発行

発行者●山下直久

発行●株式会社KADOKAWA
〒102-8177　東京都千代田区富士見2-13-3
電話　0570-002-301（ナビダイヤル）

角川文庫 23543

印刷所●株式会社暁印刷
製本所●本間製本株式会社

表紙画●和田三造

ISBN 978-4-04-400741-6　C0195

角川文庫発刊に際して

角　川　源　義

第二次世界大戦の敗北は、軍事力の敗北であった以上に、私たちの若い文化力の敗退であった。私たちの文化が戦争に対して如何に無力であり、単なるあだ花に過ぎなかったかを、私たちは身を以て体験し痛感した。西洋近代文化の摂取にとって、明治以後八十年の歳月は決して短かすぎたとは言えない。にもかかわらず、近代文化の伝統を確立し、自由な批判と柔軟な良識に富む文化層として自らを形成することに私たちは失敗して来た。そしてこれは、各層への文化の普及滲透を任務とする出版人の責任でもあった。

一九四五年以来、私たちは再び振出しに戻り、第一歩から踏み出すことを余儀なくされた。これは大きな不幸ではあるが、反面、これまでの混沌・未熟・歪曲の中にあった我が国の文化に秩序と確たる基礎を齎らすためには絶好の機会でもある。角川書店は、このような祖国の文化的危機にあたり、微力をも顧みず再建の礎石たるべき抱負と決意とをもって出発したが、ここに創立以来の念願を果すべく角川文庫を発刊する。これまで刊行されたあらゆる全集叢書文庫類の長所と短所とを検討し、古今東西の不朽の典籍を、良心的編集のもとに、廉価に、そして書架にふさわしい美本として、多くのひとびとに提供しようとする。しかし私たちは徒らに百科全書的な知識のジレッタントを作ることを目的とせず、あくまで祖国の文化に秩序と再建への道を示し、この文庫を角川書店の栄ある事業として、今後永久に継続発展せしめ、学芸と教養との殿堂として大成せんことを期したい。多くの読書子の愛情ある忠言と支持とによって、この希望と抱負とを完遂せしめられんことを願う。

一九四九年五月三日

角川文庫ベストセラー

浪花千栄子
昭和日本を笑顔にしたナニワのおかあちゃん大女優

青山　誠

辛い幼少期を経て、やがて少女は舞台のスポットライトを浴びる。松竹新喜劇の旗揚げから、溝口健二や小津安二郎、黒澤明ら巨匠たちの名作映画への出演まで。昭和を彩った、大阪の名女優の波瀾万丈の軌跡。

勇気をくれる日本史　誰も知らない偉人伝

白駒妃登美

日英同盟の陰の立役者・柴五郎、インドネシア解放の父・柳川宗成、沈み行く潜水艇の艇長・佐久間勉、神様になった警察官・増田敬太郎……博多の歴女が、知られざる日本の英雄たちを語る！

漫画版　日本の歴史　8　天下統一の戦い
安土桃山時代

監修／山本博文

東大の入試問題や近年の歴史教育の現場で、今最も重視されているのは「歴史の大きな流れをつかむ」こと。歴史の流れがおもしろいほどよく分かる最強歴史まんが！　第8巻は「安土桃山時代」。

漫画版　日本の歴史　9　江戸幕府、始動
江戸時代前期

監修／山本博文

東大の入試問題や近年の歴史教育の現場で、今最も重視されているのは「歴史の大きな流れをつかむ」こと。歴史の流れがおもしろいほどよく分かる最強歴史まんが！　第9巻は「江戸時代前期」。

漫画版　日本の歴史　10　花咲く町人文化
江戸時代中期

監修／山本博文

東大の入試問題や近年の歴史教育の現場で、今最も重視されているのは「歴史の大きな流れをつかむ」こと。歴史の流れがおもしろいほどよく分かる最強歴史まんが！　第10巻は「江戸時代中期」。

角川文庫ベストセラー

漫画版 日本の歴史 11
黒船と開国
江戸時代後期
監修／山本博文
東大の入試問題や近年の歴史教育の現場で、今最も重視されているのは「歴史の大きな流れをつかむ」こと。歴史の流れがおもしろいほどよく分かる最強歴史まんが！　第11巻は「江戸時代後期」。

漫画版 日本の歴史 12
明治維新と新政府
明治時代前期
監修／山本博文
東大の入試問題や近年の歴史教育の現場で、今最も重視されているのは「歴史の大きな流れをつかむ」こと。歴史の流れがおもしろいほどよく分かる最強歴史まんが！　第12巻は「明治時代前期」。

漫画版 日本の歴史 13
近代国家への道
明治時代後期
監修／山本博文
東大の入試問題や近年の歴史教育の現場で、今最も重視されているのは「歴史の大きな流れをつかむ」こと。歴史の流れがおもしろいほどよく分かる最強歴史まんが！　第13巻は「明治時代後期」。

漫画版 日本の歴史 14
大正デモクラシー
大正～昭和時代初期
監修／山本博文
東大の入試問題や近年の歴史教育の現場で、今最も重視されているのは「歴史の大きな流れをつかむ」こと。歴史の流れがおもしろいほどよく分かる最強歴史まんが！　第14巻は「大正～昭和時代初期」。

漫画版 日本の歴史 15
戦争、そして現代へ
昭和時代～平成
監修／山本博文
東大の入試問題や近年の歴史教育の現場で、今最も重視されているのは「歴史の大きな流れをつかむ」こと。歴史の流れがおもしろいほどよく分かる最強歴史まんが！　第15巻は「昭和時代～平成」。